# 社会を読む文法としての経済学

economics

西 孝 Nishi Takashi

9つのキーコンセプトでやさしくわかる

日本実業出版社

# はじめに

今、本屋さんでこの本を手に取ったあなた、まずは目次をご覧になってはいかがでしょうか？　この本は、こんな感じで経済学の鍵となる概念（キーコンセプト）を解説している本です。

おっと、まだ読んでますか！　これは経済学の本ですが、いわゆる通常の教科書そのものではありません。ただ、教科書で勉強したことを現実の経済に当てはめて考える時には、その補助として役立つと思います。もちろん、経済学の教科書を読んだことのない人にも読んでもらえるようにと思って書きました。

筆者は決して中立を至上命題としてこの本を書いてはいません。筆者は経済学者の端くれですが、現在の経済学の在り方には大いに疑問をもっています。筆者は市場のメカニズムが万能だとは思っていませんし、経済において政府の果たすべき役割を重要視しています。

その現在の在り方に疑問をもっている一方で、経済学がこれまで積み上げてきた知見の中には、現実の社会を読み解くにあたって大変に有効な概念がたくさんあることも事実なのです。そしてそれらは、あなたが社会について考える時の「目の付け所」を大いに改善してくれること請け合いなのです。

この「目の付け所」は重要です。ニュートンはリンゴの実が木から落ちるのを見て、万有引力を発見したといわれています（たぶん嘘ですが）。アルキメデスはお風呂に入ってお湯があふれるのを見て、浮力の原理を発見したといわれています（こっちは本当かも知れません）。真偽はともかく、リンゴが落ちるのを見たのは、人類でニュートンが初めてではありません。風呂のお湯があふれるのを見たのも、アルキメデスが初めてではないでしょう（たいていの人は、ほぼ毎日見ています）。

重要なことは、ニュートンやアルキメデスは、人とは違う目で現実を見ていた、ということです。だからリンゴの落下やあふれるお湯が、引力や浮力に結び付いて見えたのです。誰もが同じ現実を見ながら、「目の付け所」が違えば、見えてくる現実もまた違ってくるということです。

経済学の中にあるそんな「目の付け所」を、この本ではできるだけわかりやすく解説しました。「経済は難しい」「なのにそれを理解するための経済学はもっと難しい」——おっしゃる通りだと思います！　そんな人々の助け舟になればと思ってこの本を書きました。

「社会を読む文法」とはまた随分と大きく出たものだ、と言われそうですね。文法とは読み方のルールであり、対象が社会ともなれば読み方も一つではありません。経済学はその一つを与えてくれるものであり、筆者が「目の付け所」と言っているのは、まさにその読み方なのです。

肩の力を抜いて楽しく読めるように工夫したつもりです。数学はもちろん、読むための予備知識のようなものは特に必要ありません。でも、決して「軽〜い」本ではありませんよ。残念ながらサルには決してわかりません！　経済社会に対する理解をもっと深めたいと真面目に思っている人にとっての、望外の出会いとなることが筆者の願いです。

前の章の内容に言及している部分もありますが、基本的にはどの章からでも読めるようになっています。関心のあるコンセプトだけを拾って読んでいただいても結構です。

この本を出版するにあたっては、日本実業出版社の編集担当の方に大変お世話になりました。本書が読むに値するものになっているとすれば、それは彼のおかげです。それでも、なお未熟な誤謬が散見されるとすれば、それは筆者の不勉強の致すところです。

最後に私事で大変恐縮ですが、筆者は教育熱心な両親に恵まれました。それにもかかわらず、この歳になってもいまだその心配から解放させてあげられていないようです。どうか本書をその罪滅ぼしとして両親に捧げることをお許しください。

２０１７年　２月

西　孝

# 社会を読む文法としての経済学◎もくじ

9つのキーコンセプトでやさしくわかる

はじめに

## 第1章　機会費用――タダのものはない

1　機会費用とは何か……12

選択においてあきらめたもの／早めに寝たことの機会費用／タダのものがないことの証明／普通の費用もまた機会費用／大学に行くことの機会費用

2　分業と交換の利益……19

キーボード入力も自分でこなすカリスマ弁護士の機会費用

3　貿易の利益――比較優位の原理……23

貿易は国と国との分業／貿易の利益／機会費用と比較優位／人にも国にも、必ず何らかの比較優位がある／比較優位と特化――絶対優位を追う必要はない

第1章のキーワード　34

## 第2章 外部性——いい迷惑と悪い迷惑

1 外部経済と外部不経済……36

タダではないものがタダになるとどうなる？／タダでは済まない公害問題——外部不経済のケース／原発は安上がりか？——「コスト優位性」への疑い／「自動車の社会的費用」は誰が払っているのか？／いい迷惑もまた迷惑——外部経済の例／良い恩恵がタダになると

2 いろいろな外部経済……48

公共財という外部経済／みんながタダ乗りをすると？／利用者が多いほど便利になる——ネットワーク外部性／英語が世界共通語である理由／文句を言いながらWindowsを使い続ける人々／ネットワーク外部性がもたらすもの——競争自体がなくなる／アメリカ大陸の原住民はインド人か？——経路依存性の問題／キーボードはなぜ「QWERTY」の配列なのか／タイプライター誕生秘話——スタンダードになるのは「たまたま」

第2章のキーワード　64

## 第3章 短期と長期——変えられるものと変えられないもの

1 短期と長期……68

教科書に出てくる「短期」と「長期」の区別／マーシャルによる「期間」の区分／コイン・トスの「期間」問題／「変えられないもの」の代表——サンク・コスト／食べ放題のビュッフェとダイエット／企業の意思決定問題への応用／湯の量と風呂桶の大きさ

——景気変動と経済成長を混同するあやまち／同じではないけど、まったく無関係でもない

2 市場の調整メカニズムをめぐって …………… 86

「長期的には○○となる」という経済学の詐術／需要と供給のメカニズム／他愛なくも無用な理論？——市場の安定条件／貨幣数量説の忘れられた前提／冷えていれば、冷蔵庫は不要である——「○○が一定」という前提条件／完全雇用を前提とする「自然失業率仮説」の登場

第3章のキーワード 97

# 第4章 情報の非対称性——競争を通じて悪いものが残る

1 情報の非対称性と逆選択 …………… 100

レモンとプラムの市場——情報の非対称性とは？／競争の結果、劣ったものが勝ち残る——逆選択という悪夢

2 さまざまな逆選択 …………… 108

消費者金融市場の金利はなぜ高いのか？／保険に入りたがらない人、入れない人

3 情報の非対称性の深淵 …………… 117

市場は情報の非対称性に満ちている／度量衡の統一と情報の非対称性／自由な市場に不可欠なもの／グレシャムの法則との類似／金・銀複本位制の難しさ／凡庸な造幣局長官、天才ニュートンの苦悩

第4章のキーワード 129

第5章 貯蓄と投資の恒等式
――木を見て森を見ない議論から抜け出そう

1 貯蓄と投資の恒等式 …… 132
ちょっと辛抱して式の導出

2 貿易摩擦の誤解 …… 140
日米経済摩擦での「輸出−輸入」をめぐるアメリカの言い分／森を見ると何が見えるか
――恒等式で見える真実

3 財政赤字の誤解 …… 147
「国の借金」とは何事だ！／債務残高をめぐる脅し文句――もう一度森を見よう！／将来世代の〝負担〟か？／財政赤字削減を本当に〝負担〟する人たちは？／〝借金〟をめぐるトランプ発言の誤解／まさしく飲み屋のツケだ！

第5章のキーワード 157

第6章 合成の誤謬
――個々には成り立つことが、みんなでやるとそうならない不思議

1 さまざまな合成の誤謬 …… 160

正しいこと×人数=正しくない——合成の誤謬とは？／リストラの誤謬／関税をめぐる「合成の誤謬」は何をもたらすのか？／アメリカは今も昔も同じ！／貯蓄のパラドックス／蜂の寓話——浪費は悪だが必要悪？

2 投票のパラドックス …………174
推移律とは？——じゃんけんでは成り立ちません／多数決の誤謬／それでも選挙に行こう（？）

3 ベビーシッター協同組合の悲劇 …………181
連邦議会の「ベビーシッター協同組合」／不況になった協同組合／必要だったのは経済政策／ケインズの乗数効果——金融緩和とヘリコプター・マネーの違い／インフレになった協同組合

第6章のキーワード 190

# 第7章 貨幣の不思議——だってただの紙でしょ？

1 貨幣とは何ものなのか …………192
貨幣とgoldの〝絆〟／ニクソン・ショック——goldと無縁になった貨幣／交換の媒介という便利な機能

2 貨幣をめぐる学説 …………198
貨幣の価値に関する「金属学説」と「表券学説」／ヤップ島の石貨／貨幣の価値決定は物価の裏返し／ヴェールとしての貨幣——その狂信が経済学を役立たずにしている

3 最適通貨圏の理論 …………209
異なるショックに襲われた二つの国／一つの通貨には一つの金融政策しか実施できない／最適通貨圏は「国」か？／最適通貨圏の4条件／なるほど、一つの国に一つの通貨！／ユーロ圏の成績表——最適通貨圏の4条件を検証する
第7章のキーワード 228

第8章 予想の自己実現——資産価格の特殊性とそれがもたらす悲劇

1 予想の自己実現 …………232
資産価格の特殊性——買う時に売ることを考える／予想するとその通りになる！
2 バブルの生成と崩壊 …………237
チューリップ・マニア／レバレッジの誘引／どこか狂っている！／南海会社バブル——夢のような儲け話／「ミシシッピ・バブル」とジョン・ロー／終わりの始まり／暴落を予想できないからこそ膨らむバブル
3 金融の不安定性 …………253
銀行の取り付け／マイケル少年の一言で銀行はパニックに／株式市場への奇妙な信仰／ケインズの美人投票／悲しき経済予測——自然現象と社会現象の違い
第8章のキーワード 264

## 第9章 政府がやるべきこと、やるべきでないこと
### ——究極の問題


1 時代とともに変わる政府の役割 …… 268
ジョン・スチュアート・ミルの葛藤／政府の必然的機能／誤った学説に基づく政府の干渉／政府の干渉に対する反対論／政府の随意的機能／重要なのは注意深い見直し作業

2 個人の権利とその制限 …… 280
リバータリアニズム——絶対不可侵の権利とは？／「神の見えざる手」の一人歩き／社会民主主義——社会的厚生への配慮／個々人の自由の社会的帰結

3 市場メカニズムへの信仰 …… 289
当たり前ではない「セイの法則」／「セイの法則」は前提であって、結論ではない／陰鬱な科学——宿命論的な「放っておくしかない」／むしろ放っておく方が良い！／構造改革という名の粛清主義／社会進化論——適者生存は〝理〟なのか？

4 政府の役割を虚心坦懐に考えよう …… 306
①個々人の利己的行動とその社会的調和／②政府の「やるべきこと」と「やるべきでないこと」


カバーデザイン／EBranch・冨澤崇　本文ＤＴＰ／一企画

第 **1** 章

# 機会費用

タダのものはない

economics

# 1 機会費用とは何か

「陛下、神には費用など関係ありませんが、皇帝は違います」

BBC制作ドラマ『ザ・ローマ　帝国の興亡』

このセリフは、財政の逼迫した古代ローマ帝国にあって、なお浪費をやめない皇帝ネロへ向けられた哲学者セネカの諫言《かんげん》でした。セネカはネロの幼少時代の家庭教師であり、ネロが皇帝となってからは重鎮の一人でした。いやはや、時のローマ皇帝でさえ、神でない限り「費用」からは逃れられないというわけですね。

さて、あなたにとって「費用」とは何でしょうか？　おそらく多くの人にとって、それは何かをするのに要するお金、または労力ということではないでしょうか。ということは、もし、それをするのにお金も労力もかからなければ、それは「タダだ」ということになってしまいますね。でも、実はそれは違うのです。何しろわれわれは神ではないのですから。そして、神ではない以上、皇帝にとってさえ「タダのものはない」のです。

この「タダのものはない」（英語では、no free lunchなどと言います）という命題は、経済学の中でも飛び切り重要なメッセージの一つなのです。ちなみに「タダより高いものはない」（美味し過ぎる話には必ず裏がある）なんていうのもありますが、それとはまったく違います。混同しないでくださいね。

では、それはどういう意味なのでしょうか？　なぜ、タダのものはないのでしょうか？　そして、なぜそれがそんなに重要な命題なのでしょうか？

## 選択においてあきらめたもの

経済学では「費用」をすべて「機会費用（opportunity cost）」として考えます。それは、人が何かを選んだ時に「選ばれなかったもの」「あきらめたもの」の価値を意味します。何かを選んだ以上は、必ず「選ばれなかったもの」「あきらめたもの」があるはずですよね。だって何もあきらめていないのであれば、そもそも「選んで」はいなかったはずです。そして、そのあきらめたものこそが、何かを選んだことの「機会費用」なのです。言葉の使い方としては、「〇〇を選んだことに対する機会費用」などという言い方をします。ちなみに、あきらめたものが複数ある時には、その中であなたにとってもっとも価値の高いものを機会費用と考えればよいと思います。

## 早めに寝たことの機会費用

まずは例を挙げてみましょう。明日は「経済学」の筆記試験です。担当者は西とかいう名前の厳しい教員です。あなたは今夜、明日の試験に備えて一夜漬けの猛勉強を試みます。さて、勉強を始めたものの、睡魔が襲ってきました。そこであなたは考えます。あともう1時間頑張って勉強しようか、それとも、もうここで寝てしまおうかと……。そしてあなたは寝てしまったとしましょう。さて、それは「タダ」でしょうか？　たしかにあなたがそこで寝てしまうことには、お金も労力もかかっていません。でも、それを「タダ」であると勘違いすると、あなたは正しい選択をし損ねるかもしれません。なぜでしょうか？　それを理解するためには、この選択を先ほど定義した「機会費用」で考えてみてください。つまり、あなたは「あと1時間勉強する」ことの代わりに「寝る」ことを選びました。その結果あなたが「あきらめた」ものとは何でしょうか？　それこそがあなたが1時間早く寝たことの「機会費用」なのです。

答えは、「あなたがあと1時間起きて勉強していれば得られたかもしれない知識や試験の成績」です。あなたはそれをあきらめて早く寝たことになります。もちろん、それと比べても睡魔の方が勝ったのであれば、それはそれであなたの選択です。しかし、まかり間違っても「タダ」だから寝たのではいけませんね。比較するのは、常に「選んだもの」と「あきらめたもの」でなければならないわけです。次の章でも見るように、比較の対象を「タダ」であると勘違いすると、人はついつい適切な選択をし損ないます。何しろ、「タダのものはない」のですから。

## タダのものがないことの証明

では次に、この「タダのものはない」という命題をちゃんと証明してみましょう。こんな風にやります。まず、われわれ人間は神ではない以上（皇帝でさえも！）好きなものを、好きな時に、好きなだけ手に入れることはできません。では、好きなものを、好きな時に、好きなだけ手に入れることができないわれわれ人間が、しなければならないこととは一体何でしょうか？　答えは「選ぶ」です。われわれ人間は、好きなものを、好きな時に、好きなだけ手に入れることができないからこそ、常に「選ぶ」ことを余儀なくされているわけです。さて、「選ぶ」以上は、必ずそこに「あきらめたもの」がありますね。これがその選んだことに対する機会費用です。ゆえに「タダのものはない」のです。Q.E.D.（証明終わり）

## 普通の費用もまた機会費用

ちなみに、この機会費用という考え方は、普通に理解されている費用の考え方とまったく別世界の話ではありません。先ほど述べた、多くの人にとっての費用（何かをするのに要するお金、または労力）も、それ自体が機会費用なのです。あなたがコンビニエンス・ストアでパンを買って１００円払ったとすれば、あなたはそのパンを手に入れる代わりに１００円硬貨（およびそれで買えるあらゆるもの）をあきらめたのです。あなたが友人の引っ越しの手伝いに3時間費やしたとすれば、やはり3時間の労力で他にすることができるさまざまなことをあきらめたのです。いずれも機会費用です。つまり、経済学における機会費用は、通常の意味での費用をその中に含んだ、より広い概念であるということです。

今、この本を読んでいる最中のあなたは、おそらくとても良いことをしていると思います。しかし、それであってもやはり、今、同時に映画を見ることをあきらめていますし、同時にカラオケで歌うこともあきらめているはずです（であることを祈ります！）。正しい選択をするためには、自分がそれを選ぶことによって何をあきらめているかを見極め、それとの比較で判断することが重要になるわけです。選ぶ以上、あなたは必ず何かをあきらめていますから。何度も言いますが、「タダのものはない」のです。

## 大学に行くことの機会費用

ではここで、筆者が学生によく話す応用問題を考えてみましょう。

問題：「大学に行くことの機会費用」は何でしょうか？

ほとんどの学生が、大学に行くことの費用は「授業料」だと思っています。もちろん、これでは不正解です。特に授業料を親が払っているような場合は、学生にとって大学に行くことは（勘違いによって）限りなくタダに近く感じられるのです。だから平気で授業をサボるんですね（！）。

大学に行くことの機会費用は、大学に行くことで「あきらめた」ものです。それは、高校卒業で正社員としてフルタイムで働いた時に得られる4年間分の年収に相当します。もちろん働くことで、技能や業界とのコネクションも得られるでしょう。それらを全部あきらめて、高い授業料をさらに4年分上乗せしたものが、大学に行くことを選んだ機会費用になるのです。

学生は（いや、親は）それでも「大学卒」の肩書があった方が、生涯の年収が上回ることを無意識のうちに期待しているともいえます。そうかもしれません。それは本人次第でしょう。いずれにしても来年の授業料を払う時に、もう一度この話を思い出してみてください。

※引用：ＢＢＣ制作ドラマ『ザ・ローマ　帝国の興亡』第1話「ネロ」より

# 2 分業と交換の利益

「文明社会では、どのようなときでも、人間はたいへんな数にのぼる人々の協働や援助を必要としているが、その反面、かれは自分の全生涯をかけても、少数の人々の友情をかちえることさえやっとのことなのである」

アダム・スミス『諸国民の富』

生涯を独身で過ごし、多少引きこもり（?）を思わせるエピソードの残るアダム・スミス（1723～1790）らしい表現ともいえますね。ここでスミスが「協働や援助を必要としている」と言っているのは、分業と交換によって成り立つ社会に生きるわれわれのことです。

さて、ここでは機会費用の概念をわれわれの日常生活の風景を理解するのに応用してみましょう。われわれの多くは通常、一つか二つの仕事に専念して、それ以外のものは他の人々から購入しています。これは分業と交換です。中にはとても器用な人がいて、食べ物から、衣服や靴、住居から娯楽のネタに至るまで全部自分で調達する人もいるかもしれません。究極の自給自足ですね。でも、それは一般的なことではありませんし、みんながみんなそうすることがはたして望ましいこととも言えないのです。

われわれのすべてが究極の自給自足を行なわないのは、われわれの多くがそれほど器用ではなく、能力が低いからでしょうか？　答えは「NO」です。実は能力の高い人ほど、分業を必要とするのです。驚きましたか？　でも、機会費用がその謎を説明してくれます。

## キーボード入力も自分でこなすカリスマ弁護士の機会費用

わかりやすい例で考えてみましょう。ここにマスコミを賑わす「カリスマ弁護士」がいます。彼は、毎日6時間の労働で60万円を稼ぐとしましょう。時給にして10万円です。おまけに彼はキーボードで文字を入力（文書作成）するのも達人並みの速さです。助手を雇えば2時間かかるその日の書類の整理を、たった1時間でこなしてしまいます。文書を作成する助手の時給を1000円とすると、彼は時給にして2000円分の仕事ができてしまうことになります。弁護士としてはもちろん、キーボード入力でも人に勝る彼は、それらをすべて自分でやるべきでしょうか？　気がついた読者もおられるのでは？　もちろん答えは「NO」です。そして、それはまさに彼が「カリスマ」だからなのです。

計算してみましょう。彼の1日の総労働時間は7時間とします。選択肢は、両方自分でやるか、助手を雇って分業するかです。

**◆全部自分でやると：**

弁護士6時間（60万円）＋書類の整理1時間（2000円）＝60万2000円

**◆助手を雇って分業すると：**

弁護士7時間（70万円）－書類の整理2時間（2000円）＝69万8000円

後者のケースは、この人が1日の総労働時間をすべて弁護士業に費やし、書類の整理には助手を時給1000円で2時間雇った場合です。分業した場合の方が、彼にとっての稼ぎが大きくなっていますね。なぜ、こうなるのでしょうか？　答えは「機会費用」にあります。

彼がキーボード入力（文書作成）することの「機会費用」は何でしょうか。それによってあきらめているのは、その時間を弁護士業にあてていれば得られた稼ぎです。1時間につき10万円の機会費用です。つまり、彼が1時間キーボードを打つことは、2000円を得るために10万円をあきらめていることになるのです。逆に彼が弁護士業をすることの機会費用は、その間、キーボードでの入力作業はできませんから、２０００円分の仕事をあきらめることになります。これはキーボードを打つ機会費用に比べたら大した額ではありませんね。つまり、彼はまさに「カリスマ弁護士」であるからこそ、弁護士以外の仕事をすることが機会費用の意味で「高くつく」のです。あきらめるもの、失うものがかえって大きくなってしまうのですね。先ほど「能力が高いからこそ分業を必要とする」と言ったのはそういうことです。

※引用：アダム・スミス『諸国民の富』大内兵衛、松川七郎訳、岩波書店より

# 3 貿易の利益──比較優位の原理

「なあに、ちっとも。みずくさいことを　いうなよ。なにか、ひとつの、めぼしいことを　やりとげるには、きっと　どこかで、いたい　おもいか、そんを　しなくちゃ　ならないさ。だれかが、ぎせいに、みがわりに　なるのでなくちゃ、できないさ」

浜田廣介『ないた赤おに』

子供の頃に読んで以来、これは何回読んでも泣けてくる話ですね。赤おにが村人と仲良くなれるように、自分が悪者になる作戦を提案する青おにの言葉です。機会費用の概念は、まさに犠牲が不可避であると述べています。もし赤おにが、得るもの（村人との友好）とあきらめるもの（青おに）をちゃんと比較していたら、あの作戦に乗っていたでしょうか？

答えは、最後の場面での赤おにの涙にあるように思います。

## 貿易は国と国との分業

分業と交換の考え方は、もちろん国を越えても成り立ちます。国と国とが貿易を行なうことは、いわば国際社会における分業と交換であるわけです。となれば、そこで出てくるのはやはり機会費用ということになります。そこで次に、機会費用の考え方を国際貿易に応用してみましょう。

国と国とが貿易を行なう理由は一つだけではありません。自分の国では採れない希少資源を外国から輸入するのも立派な理由の一つですね。でも例えば、日本は自分の国でも作れるシャツをなぜ輸入するのでしょうか？　あるいは輸出するくらい評価の高い自動車を、なぜ他方で外国から輸入（外車）もしているのでしょうか？　実はそれぞれ理由が違います。今からお話しするのは、自分の国でも作れるようなシャツをなぜ輸入するのか、の答えに相当するものです。ちなみに、その答えは「生産性が違うから」というものです。そしてその「生産性」の測り方として、機会費用のお出ましというわけです。

さて、またわかりやすい例で考えましょう。二つの国があるとします。A国とB国です。さらに財は2種類しかないとします。別に2種類じゃなくても成り立つ話ですが、あくまでわかりやすくするためだと思ってください。それをシャツと椅子にしましょうか。そして、どちらの財も労働だけで作られるとしましょう。これは実は重要な仮定なのですが、今は、その方が話が簡単になるからということで、そのような設定にしましょう。何しろ「生産性」というのは、本当はとても難しい概念なので、労働だけで考えるのは話をかなり単純化してくれます。もちろん、そうでなくても基本的には成り立つ話をしているので、どうかご心配なく。

A国もB国もどちらの財も作ることができます。自分の国では作れないから輸入する、という話ではないのです。ただし、それぞれの財を作るために必要な労働時間が、国によって違っているのです。これをここでは安心して「生産性の違い」ということができるわけです。それぞれの必要な労働時間を表にすると上のようになります。

この表の読み方はこうです。A国は、椅子を1脚作るのに4時間の労働が必要であり、シャツ1着を作るのには2時間の労働が必要です。同じくB国では、椅子を1脚作るのに5時間の労働が必要で、シャツを1着作るのには10時間が必要です。この設定では、どちらの財についてもA国の方が少ない労働時間で作ることができます。それでもA国はB国と貿易をするのでしょうか？　いや、どちらの財も自分

### ◆二つの国の必要労働時間

| | 椅子 | シャツ |
|---|---|---|
| A国 | 4時間 | 2時間 |
| B国 | 5時間 | 10時間 |

の国で作った方がいいのでしょうか？　先ほどの「カリスマ弁護士」の話を覚えておられる読者は、もう見抜いていますよね。そう、貿易した方がいいのです。しかも、お互いにとってです。

## 貿易の利益

まずはA国からやってみましょう。A国が椅子を手に入れる方法は二つあります。一つは自分の国で作る。もう一つはまずシャツを作って、B国の作った椅子と交換する、です。今、シャツと椅子は1対1、つまり椅子1脚とシャツ1着が交換されるものとしましょう。どちらの国でも労働力には限りがありますから、同じ労働力でたくさん手に入る方法が「良い」方法です。

### ◆A国が椅子を手に入れる

自国で椅子を作る：1時間の労働で椅子1／4脚
シャツを作って貿易する：1時間の労働でシャツ1／2着⬇椅子1／2脚と交換

1／4脚の椅子とか1／2着のシャツは何の役にも立ちませんが（!）、そこは計算上の問題として許してください。A国は椅子1脚作るのに4時間かかりますから、1時間の労働なら1／4脚作れる計算になります。同じく、シャツ1着を作るのには2時間ですから、1時間の労働なら1／2着作れる計算になります。それを1対1で椅子と交換すれば、手に入る椅子も1／2脚です。いずれにしても、A国は同じ1時間の労働であっても貿易をした場合の方が2倍の椅子（1／4脚に対して1／2脚）を手に入れていることがわかりますね。同じことはB国にも当てはまります。やってみましょう。

B国がシャツを手に入れる方法はやはり二つです。一つは自分の国で作る。もう一つはまず椅子を作ってA国のシャツと交換する、です。

## ◆B国がシャツを手に入れる

自国でシャツを作る：1時間の労働で1／10着
椅子を作って貿易する：1時間労働で1／5脚の椅子➡シャツ1／5着と交換

どうですか？　B国ではシャツ1着に10時間かかりますから、1時間の労働なら1／10着です。椅子は5時間でできますから、1時間の労働で1／5脚です。それを1対1でシャツと交換すれば、シャツ1／5着です。やはりB国も同じ1時間の労働なら、貿易を通じての方が2倍のシャツを手に入れることができるのです。

これはトリックでも何でもありません。たしかにA国は、椅子もシャツもB国よりも少ない時間で作れます。それだけを見ると、A国はどちらの財も自国で生産した方が良いように見えますね。ここで比較しているのは、実際に要する労働時間です。経済学の用語では、A国はB国に対して、椅子の生産においてもシャツの生産においても「絶対優位」をもっている、などと言います。今、明らかになったのは、その国が何を生産して、何を輸入するべきかに関して「絶対優位」は重要ではないのだということです。

## 機会費用と比較優位

お待たせしました。ここでいよいよ「機会費用」の登場です。どちらの国も労働力には限りがあるといいました。ということは、椅子を作るために労働を費やせば、その労働はシャツを作ることをあきらめねばなりません。逆にシャツを作ることは、同じ労働を用いて椅子を作ることをあきらめていることになります。つまり、それぞれの国には、椅子を作ることの機会費用、シャツを作ることの機会費用があるわけです。そして、機会費用を考え始めると、「得意」であるがゆえに「高くつく」ことになるのは、もうみなさんご想像の通りです。

そこで両国の機会費用をそれぞれ計算してみましょう。ちょっと面倒かもしれませんが、頭の体操だと思って……。ダメなら、飛ばして結果だけ受け入れてください。椅子を作る機会費用は、その同じ労働でシャツを作ればどれだけ作れたかです。つまり、シャツの量で表されます。逆にシャツを作る機会費用は、同じ労働で作ることができたはずの椅子の脚数で測ります。そうすると上の表のようになります。

わかりますか？ A国では椅子1脚作るのに4時間の労働でした。その4時間の労働があれば、どれだけシャツを作れたでしょうか。シャツ1着は2時間ですから、4時間あれば2着作れます。したがって、A国において椅子1脚を作る機会費用はシャツ2着です。これが表に記載されている数字です。逆にシャツ1着を作るのには2時間の労働が必要でした。その2時間の労働があればどれだけ椅子を作れたかというと、椅子1脚は4時間の労働が必要ですから、2時間あれば1／2脚作れます。かくして、シャツ1着を作る機会費用は椅子1／2脚です。頭の体操に積極的な読者のために、B国についての同様の説明をお任せします。積極的でない人（もしやあなたでは?）は、表の数字をそのまま信じてください。

さて、もしあなたが両国にまたがる統治者であったなら、それぞれの財をどちらの国に生産させるでしょうか。まず椅子はどうでしょう。A国に作らせると1脚作る度にシャツを2着あきらめねばなりません。B国に作らせればその犠牲は1／2

## ◆二つの国の機会費用

| | 椅子 | シャツ |
|---|---|---|
| A国 | 2着 | 1／2脚 |
| B国 | 1／2着 | 2脚 |

着で済みます。同じくシャツを作るにあたってもA国ならば1着につき椅子1／2脚の犠牲で済みますが、B国が作ると1着につき2脚の椅子をあきらめねばなりません。限られた両国の労働量で、できるだけたくさん作りたいなら、あきらめる量が少ないほど良いことになります。結果として、A国はシャツの生産に専念し（「特化する」ともいいます）、B国は椅子の生産に専念します。これが分業であり、あとは互いに交換（貿易）を行なって、もう片方の財を入手することになります。繰り返しになりますが、そうすることで、両方の財を自国で生産した場合より、それぞれをより多く手に入れることができます。両国とも、です。

今、われわれが比較したのは両国の機会費用でした。機会費用が少ない方の国がその財の生産に専念するのでしたね。この機会費用が少ないことを「比較優位」をもつ、といいます。A国はシャツの生産に比較優位をもち、B国は椅子の生産に比較優位をもっています。生産と貿易の決定にとって重要なのは、この「比較優位」であって、先ほど出てきた「絶対優位」ではないのです。

## 人にも国にも、必ず何らかの比較優位がある

多少技術的な話になりますが、ここで重要なのは、計算の仕方から、A国における椅子の機会費用は、4÷2なのに対し、シャツの機会費用は2÷4です。B国も同じです。つまり

両者は必ず逆数（分子と分母が逆）の関係になります。これは何を意味するでしょうか。逆数になるということは、椅子で勝ったら、シャツでは必ず負けますよね。そうです。片方で比較優位をもてば、もう片方では必ず比較優位を失うということです。これは「カリスマ弁護士」の話と通じますね。A国がシャツの生産に比較優位をもつということは、だからこそ、その国が椅子を作ることはそれだけかえって高くつくわけです。あきらめるものが多くなってしまうのでしたね。その結果、椅子の生産では比較優位を失うのです。このことから、比較優位をもたない国はない、ということがわかります。

## 比較優位と特化――絶対優位を追う必要はない

さて、では最後にまた大学の話です。筆者が日頃接する学生の中には、「自分は何をやっても人より劣る」などとこぼしている人がいます。あなたの周りにもそんなことを言う人がいたら、ぜひこの比較優位の話を聞かせてあげてください。「自分は何をやっても人より劣る」と言うとき、彼ら・彼女らが見ているのは絶対優位ですね。でもそれは重要ではなかったはずです。彼ら・彼女らが何をするかを決めるにあたって、重要なのは比較優位でした。そして比較優位をもたない人はいないのでしたね。ある分野で優れた人ほど、他のことをやるのは高くついてしまいます。だから、他人との間で絶対優位なんか気にする暇があったら、自分の比較優位を見つけてそれを磨きましょう。誰かより「絶対的に」優れている必要は必ずしもありません。自分はどちらかというと何が得意なのか――それが見つかればそれでいいのです。もちろん、社会全体にとっていいのです。

ただし、これは今の自分をただ安易に肯定することに用いてはいけません。各自、各国が比較優位をもつものに特化して、分業と交換・貿易を行なうことは社会的な利益を生むと述べました。しかし、単純な非熟練労働にしか比較優位をもてない人がいたら、その人は生涯その仕事に特化することになります。それはやりがいのある人生とは限りません。生産性の低い農業に特化した国は、永久に貧しい農業国のままということもあり得るのです。

これは人生観や経済発展の在り方に関する難しい問題にかかわっています。やはり自分の比較優位を常に磨くことや、教育や技術の開発といったものをおろそかにするべきではないのだと思います。

ちなみに冒頭でご紹介したアダム・スミスは、その著書『諸国民の富（国富論）』で、分業が社会の生産性を高めることを明確に描いたことでよく知られています。他方で彼が分業のネガティブな側面についても言及していることはあまり知られていません。

分業と特化によって一部の労働者が専門的な労働のみに従事することは、その人から大局的な判断能力を奪いかねず、それは時として国家の防衛までをも脅かしかねないというのです。分業と特化に基づく特定の職業における技巧は、「知的な徳」「社会的な徳」、そして「尚《しょう》武《ぶ》の徳」を犠牲にして獲得されるようだ、とまで言っています。

すでに高い生産性を実現している現代の社会においては、分業に関するこちらの指摘にも大いに耳を傾ける必要があるかもしれません。おっと、分業を理由に特化と専門化を「これでもか」と推し進め、「学者バカ」になりかねないわれわれこそ、真っ先に耳を傾けるべきでした（！）。

※引用：浜田廣介『ないた赤おに』絵：鈴木未央子、学習研究社より

# 第1章のキーワード

## 機会費用

何かを選択した時にあきらめたものの価値。「○○を選択したことの機会費用」などと使う。あきらめたものが複数ある時は、その中で一番価値の高いものを機会費用と考えればよい。

選択の決め手は、選ぶものとそれによってあきらめるものとの比較である。タダの選択はない。

## 比較優位

それをすることの機会費用が相対的に低い時、それをすることに比較優位をもつ。比較優位をもつ活動に特化することで、分業の生産性が生み出される。国際貿易もその一つである。ただし、何に比較優位をもつかは変えることができるし、その比較優位を高めることもできる。

第2章

# 外部性

いい迷惑と悪い迷惑

economics

1

# 外部経済と外部不経済

そのとき、イエスは言われた。

「父よ、彼らをお赦しください。自分が何をしているのか知らないのです」

『ルカによる福音書』23章34節

これは聖書の中でイエスが十字架に架けられた時、自分を十字架に架けた者たちに向けて発した祈りの言葉といわれています。この後、新約聖書における最初の殉教者となる聖ステパノも、人々の投ずる石に打たれて亡くなる時に同じ言葉を叫んだとされています。

温暖化に代表される地球環境問題を考えると、この言葉を思い出してしまいます。地球温暖化については、問題そのものに対する否定的な意見も含めていろいろなことが言われていますね。曰く、「その科学的根拠は十分なものではない」。曰く、「地球の温度が上がることで何が起こるというのか」。曰く、「氷河期が来ても、温暖化を気にするのか」。そう、つまりわれわれは自分が何をしているのか知らないのではないでしょうか。数十億年という地球の営みに対して、われわれが想像を絶する量の化石燃料を一気に大量に燃やしているのは、たかだか数十年、数百年です。それはあまりに急激であり、あまりに莫大です。その結果何が起こるのか、われわれは多分よく知らないのです。よく知らないのに、それでもやっぱり続けているわけです。それが赦《ゆる》されるのかどうかは、まさに神のみぞ知るということでしょう。

## タダではないものがタダになるとどうなる？

前の章では「タダのものはない」が中心的なテーマでした。それはローマ皇帝でさえも逃れることのできないわれわれ人類の鉄則なのでした。それでは、それにもかかわらず人々が勘違いして、あたかも「タダであるかのように」行動すると何が起こると思いますか？　それはそれは困ったことが起こるんです。何しろ、実際にはタダではないのですから。それにもかかわらず、タダであるかのように行動しているのですから。それはイエスが叫んだように「知らないで」やっているのかもしれませんし、「知っているけどタダだから」と思ってやっているのかもしれません。どちらにしても同じことです。実は、市場のメカニズムにとって、これはとても厄介な問題なのです。

「タダでないもの」があたかも「タダであるかのように」扱われるということは、人や企業がその選択にかかわる「本当の費用」を負担していないことを意味します。本当は費用が発生しているのに（タダではないのに）、それを負担していないわけです。しかも、その選択は明らかに他の人の満足や他の企業の利潤に影響を及ぼします。にもかかわらずそれらの影響に対して、相応の費用が負担されていないということは、それらの影響が市場メカニズムの「外部」で起こっていることを意味しているのです。だから、市場メカニズムはそれに対処できないのです。当たり前というべきでしょうね。

まずは言葉の定義から始めましょう。人や企業の選択が、他の人や企業に「直接」影響を及ぼすことを「外部性」といいます。ここで「直接」という言い方をしているのは、その選択に伴う費用・対価が負担されていない、したがって、「市場のメカニズムを経由していない」という意味です。この「影響」というのは何も悪い影響ばかりではありません。他の人の満足を高めたり、他の企業の利潤を増やしたりするような「良い」影響の場合もあります。ちなみに、そのような良い影響をもたらす場合には「外部経済」といい、逆に悪い影響、すなわちそれが他の人の満足を低下させたり、他の企業の利潤を減らしたりするような場合には

「外部不経済」と呼びます。

それならば、問題なのは後者、つまり「外部不経済」の場合だろう、と早合点してはいけません。実は市場のメカニズムにとって厄介なのは、どちらの場合でも同じなのです。それが良い影響であっても、悪い影響であっても、困ったことが生じるのは同じなのです。だって、前の章で言ったじゃないですか。タダのものはないのです。それなのに、良い影響であれ、悪い影響であれ、その選択に伴う費用が適切に負担されていないのですから……。そうです。そこではタダでないものが、タダになってしまっているのです。いわば前者は「いい迷惑」であり、後者は「悪い迷惑」です。どちらも、市場のメカニズムにとって迷惑であることに変わりないのです。

## タダでは済まない公害問題——外部不経済のケース

例を挙げて説明しましょう。まずは直観的にもわかりやすい「外部不経済」の例からです。河の上流に位置するある企業（工場）は、生産活動の結果として河に有害な汚水を排出しているとします。その結果として、中流域で河の水を利用する人々や、下流域で漁業を営む人々は「直接」影響を被《こうむ》ることになります。河の水を利用する人々の満足度はそれによって下がり、漁師たちの漁獲高は激減してしまいます。もちろん、場合によってはそれでは済まない事態も発生します。河の水の汚染は人々の健康に深刻な被害をもたらすかもしれません。汚染された魚を食べた人々も同様な健康被害を受けるかもしれません。そのような被害を考慮すれば、河の水を汚染することは「タダ」では決してないのです。しかし、問題となるその工場は、その被害について何ら費用を負担していないとすれば、まるでそれがタダであるかのように行動していることになります。これはいわゆる「公害」のケースであり、典型的な外部不経済の例といえます。

倫理的・道徳的な問題はもちろんですが、ここで生じている「経済的な問題」は何でしょうか？　もし、その工場が排出する汚水を浄化するための機器を備えなければならないとしたら、あるいは汚水によってさまざまな人々が被った被害に対して補償をしなければならないとなれば、おそらくその工場の負担する費用はまったく違ったものとなり、その結果その工場の生産量も大きく変わってくるでしょう。おそらくは生産量は少なくなるはずなのです。しかし、それらの負担がまったく考慮されずに、あたかも河を汚すことがタダであるかのように意思決定がなされるとしたら、工場の生産量は明らかに過剰になるでしょう。これこそが、タダでないものがタダになる時に起きる悲劇の根源なのです。

これを別な観点から見ると、工場が河の水を汚すことを考慮せずに生産活動を行なっている場合の費用（私的費用）と、それに伴って実際に他の誰かによって負担されているさまざまな被害を考慮した場合の費用（社会的費用）が乖離していることが問題の本質なのです。そして、社会的費用が私的費用を上回る部分については、それを生産している工場ではなく、別な第三者（中流域の人々、下流の漁業者）がそれを負担する羽目になっているのです。社会的に見て望ましい状態は、当然、社会的費用を考慮した上でなされる意思決定です。これに対して、自由な市場のメカニズムは原則として私的費用しか考量することをしません。したがって、自由な市場のメカニズムがもたらす結果は、社会的に見て望ましい結果にはなっていないのです。これを経済学では「市場の失敗」といいます。

読者のみなさんは、同様な例を思い浮かべてみてください。二酸化炭素の排出による地球の温暖化はもちろん、さまざまな環境破壊、騒音から隣の人の喫煙に至るまで、それに伴う相応の費用が負担されていないのであれば、それはすべて外部不経済を引き起こしているのです。それを行なっている人や企業が負担している私的費用と、その結果としてそれ以外の人々がさまざまな形で負担する羽目になっている社会的費用とが異なっていること……。たくさんあるのではないですか？

## 原発は安上がりか？――「コスト優位性」への疑い

原子力発電はどうでしょうか。論争のある問題ですから、ここで正解を確定することはできないでしょう。しかし、かつて原子力発電はコスト面での優位性が主張されていました。

曰く、「それは他の発電方法より安価なのだ」。曰く、「それを避けると電気料金が高くなって、日本企業の国際競争力にかかわるのだ」。本当でしょうか？

２０１１年3月11日に発生した東日本大震災と、それに伴って生じた福島の原子力発電施設の損壊がもたらした多大な被害は説明するまでもないと思います。使用済み燃料の処理・保管に加えて、ひとたびあのような事態が発生した時に人々が被るさまざまな厄災は、それがたとえ確率〇〇分の1でカウントされるとしても、原子力発電に伴う社会的費用です。それ以前の、私的費用のみを考慮して設定されていた電気料金には、それが含まれていませんでした。そしてそれは実際に発生しました。結果として、その費用は多くの人々によって追加的に負担されることになったのです。金銭的にだけではありません。健康を損ない、住む場所を追われました。多くの人々が心にも大きな打撃を受けたのです。

原子力発電は安価だったのでしょうか？　それまで安価だと思われてきたのは、本当の費用を負担することなく、タダでないものをタダだとみなしてきたことの結果なのではないでしょうか？　電力会社だけの問題ではありません。電気を利用するわれわれも、料金として、その社会的費用を負担していなかったのです。

## 「自動車の社会的費用」は誰が払っているのか？

日本を代表する世界的な経済学者であり、筆者も尊敬する宇沢弘文《うざわひろふみ》（1928〜2014）先生は、かつて『自動車の社会的費用』という本を書きました。自動車を利用する人々が負担しているのは、車体の代金にガソリン代、さまざまな税に道路の利用料金等だと理解されていますが、それは真の社会的費用ではない、と訴えたのです。歩道のない狭い道路を無理やり2車線にして、歩行者が狭い路側帯をびくびくと歩かねばならないコスト、遊び場を失った子供たち、交通事故の被害、歩道橋などという「非人間的な」階段を延々と登らなければならない高齢者や障害をもった人々、そして排気ガスや塵肺、振動、騒音がもたらすもの……。

残念ながら、自動車を利用している人々はその社会的費用をすべて負担しているとはいえないのです。それが当時（1974年）でいくらに見積もられたかは、関心をもってこの宇沢先生の本を紐解《ひもと》いた人へのお楽しみにしておきましょう。

## いい迷惑もまた迷惑——外部経済の例

それでは次に良い影響、すなわち「外部経済」について説明しましょう。こちらは市場メカニズムを経由しない良い影響が及ぼされていますが、その恩恵に対して人々がその費用を負担しないという意味では、外部不経済と同じことが起きてしまうのです。まずは経済学の教科書で伝統的に取り上げられてきた例からです。あまり現実的な重要性はないのですが、面白い例です。

それは果樹園と養蜂業です。果樹園は果物を栽培しており、養蜂業はミツバチを飼育してハチミツを集めて販売します。これらがお互いに離れたところで営まれていれば、特に問題はありません。しかし、たまたま両者が隣り合わせて仕事をしていたとしたらどうでしょう？果樹園の生産量が増加するほど、隣の養蜂業はたくさんのハチミツを集められることになり、そのコストを負担することなく利潤を増加させることができます。また養蜂業がミツバチを増やして、生産規模を拡大しようとすると、これまで人の手で行なわれていた果樹園の受粉がミツバチによって行なわれることになり、果樹園では大幅なコスト削減が可能になります。もちろん果樹園がその恩恵の対価を支払うわけではありません。ここではお互いに「外部経済」を及ぼし合っていることになります。

さて、これの何が悪いのでしょうか？　一見、牧歌的な状況ではありますが、お互いが及ぼし合っている恩恵に対して対価が支払われていないということは、自分たちのしている良いことを認識していないことを意味します。ここでも自分たちが認識している生産コスト（私的費用）と、相手に与える恩恵も考慮した本当の費用（社会的費用）とが乖離しています。良いことをしているのですから、社会的な費用はもっと低いと考えるべきです。でも、生産者は私的な費用のみを考慮して生産しています。本当は彼・彼女が思っているほど高くついてはいないのに、です。結果としてどちらの生産量も、社会的に望ましい量よりも過少になります。何しろ自分がやっている良いことが、相手にも自分にも考慮されていないのですから。どちらももっとたくさん生産すれば、どちらにとってももっと良い結果が得られるのに、そのはるか手前で終わってしまうのです。もっとも良い状態を実現していないという意味では、これもまた「市場の失敗」なのです。

## 良い恩恵がタダになると

ではもう少し深刻な例にしましょうか。科学、例えば医学における基礎的な発明・発見はどうでしょうか。薬にしろ、ある特定の治療法にしろ（あるいは時代をさかのぼって新大陸の発見でもいいです）それがひとたび実現すれば、それが人類全体に与える恩恵は計り知れないとしましょう。もしそうであれば、それはある意味では究極の外部経済です。しかしその恩恵に対して、あるいは恩恵の可能性に対して人類全体が相応の費用を負担するわけではないのです。研究者はそのもたらした世界的恩恵分の対価を受け取るわけではありません。こういう言い方をすると「そういう研究をする人は、お前みたいな経済学者と違って、お金のためではなく、情熱をもって研究しているんだ」と怒られそうです。そうですね。じゃあ、放っておきましょうか？

科学における基礎研究は時に膨大な設備やそのための莫大な資金、そして気の遠くなるような時間と労力がかかります。その上、必ず成功するとは限りません。一人の科学者が通常の月給のみで家族を抱えながらするには、あまりにも法外な負担です。息子や娘の将来の教育費を考えて、手っ取り早く結果が出そうな研究を選んだとしても、その人を責めることはできないでしょう。つまり相応の負担と対価の支払い（資金援助）が伴わないと、やはりそのような研究は「過少供給」になってしまうのです。この点は果樹園の生産量と何ら変わることはありません。一研究者にとっての私的費用と、その人類規模の恩恵を正しく考慮した社会的費用が乖離しているのです。もっと多く生産されれば、誰もが多大な恩恵を受けるのに、誰もその恩恵に対して負担をしないとしたら、それは結果として正しく供給されないのです。

しかし、もう一度思い出してください。それは人類に多大な恩恵をもたらすのです。恩恵を受ける人々がふさわしい負担をし（タダではない）、その対価が適切に支払われれば、個人の力ではとても及ばない研究費をまかなうことができるかもしれません。タダではないはずのものがタダになることで、本来社会にとって望ましいものが過少にしか供給されないというのは、これもやはり一つの不幸であると言わざるを得ません。

「特許」というものがこの問題に対する一つの対応であることにお気づきでしょうか。対価の代わりに発明者に対して「独占力」という恩恵を与えようというものです。それによって、そうでない場合よりも発明を促す効果が期待できますが、結果として生産量が限定され、価格も高くなることから、社会的な恩恵の方は制限されてしまいます。あちらを立てると、こちらが立たないというわけですね。

※引用：日本聖書協会『聖書』新共同訳より

## 2 いろいろな外部経済

「幸福な家庭はどれも似たものだが、不幸な家庭はいずれもそれぞれに不幸なものである」

トルストイ『アンナ・カレーニナ』

これはトルストイの有名な小説の冒頭の句です。なぜここでこれを引用したかというと、実は外部不経済とは違い、外部経済の例にはさらにさまざまな応用的バリエーションがあって、続いてそれらをご紹介しようというわけです。これに倣えば「外部不経済はどれも似たものだが、外部経済はいずれもそれぞれに外部経済である」（?）ということになるでしょうか。

# 公共財という外部経済

さて、上述した科学における基礎研究の特徴は、それが多くの人々に恩恵をもたらすにもかかわらず、その恩恵に対する対価・費用が適切に負担されないことから、結局その財が過少にしか（あるいはまったく）供給されないという問題でした。経済学ではこれらの外部経済問題を「公共財」として扱います。もちろん問題の根っこは同じなのです。

まずは言葉の定義から始めましょう。公共財とは二つの性質を満たす財のことをいいます。一つ目は「非競合性」です。これはその財を誰かが消費している時に、他の人が同時にそれを消費することができてしまうという性質です。普通の財はそうはいかないですね。私が食べているリンゴは、他の人は食べられませんし、あなたが使っている歯ブラシも他の人は使えません。ところが、電車はどうでしょう？　私が移動のために電車のサービスを利用することは、他の人が同じ車両で移動サービスを受けることを妨げませんし、それが私の消費量に影響を与えることもありません。少なくとも、満員電車で乗れない人が出てくるまではそういうことになります。大学の講義はどうでしょう？　受講者が一人であっても、10人であっても一人ひとりの消費量は変わらないはずです。少なくとも教室が満杯になるまではそうですね。各人の消費が互いに競合しないという意味で、これを「非競合性」というのです。

二つ目の性質が「非排除性」です。これは対価を支払わない人を、その消費から排除することができないという性質です。普通の財はお金を払わなければ、それを消費できないようになっています。ところが、ＮＨＫの放送サービスはどうでしょうか。あの手この手でその受信料を払わない人がいたとしても、その人の家にだけ電波を届けないということはできないのです。「排除できない」というのは、単に技術的に不可能であるというだけでなく、物理的には可能だけれども、そのためには必要以上にコストがかかるというのであれば、それも含まれます。私の講義に他大学の学生が紛れているかもしれません。かといって、毎回授業が始まる度に、学生証と授業料支払いの領収書を一人ひとり確認するということになると、授業のための時間がそれだけ失われてしまい、現実的ではありませんね。

以上の二つの性質をもつ財のことを公共財といいますが、どちらの性質についても程度の問題であることがわかります。電車も大学の講義もはじめのうちは競合性がありませんが、ある程度混んでくると次第に競合性が出てくるわけですね。排除性にしても、排除にどのくらいの手間や費用がかかり、それがどこまで現実的かということに依存しています。というわけで、純粋に１００％「非競合性」と「非排除性」を兼ね備えた財というのはそうそう見当たりません。経済学者によってはこれらを「純粋公共財」と呼んで区別しています。例としてよく挙げられるのは、政府による国防のサービスですね。自衛隊がひとたび国を外敵から守ることにしたとすれば、新しく生まれた子供がいても、他の人々が受けるサービスの量に影響はありませんし、「税金をごまかしている人たちだけは守ってあげない」ということもできませんね。

純粋ではない公共財は、程度の問題として非競合性と非排除性をもつことになり、それらに別の名前（準公共財、地方公共財、クラブ財等）を付けて区別している教科書や専門書もあります。ここではあまり気にしないことにして、すべてを公共財と呼ぶことにしましょう。

いずれにしても、ここで問題になっているのは、公共財はその性質上、ひとたび供給されると他の人々もその費用を負担することなく（タダ！）それを消費できてしまうという意味で、外部経済を引き起こしている財なのです。何しろ誰かが消費しているときに、他の人も消費できてしまいますし、料金を払わなくても追い出されないのですから。

## みんながタダ乗りをすると？

というわけで、当然のこととして市場の失敗が起こります。つまり、公共財は自由な市場のメカニズムに任せたままでは過少にしか供給されない傾向があります。とりわけ「非排除性」は、料金を負担しないで公共財の恩恵を受けることを可能にしてしまいます。そうすると必ず「タダ乗り」する人が出てきてしまいますね。でも、考えてみてください。「じゃあ、私も」「それなら僕も」とみんなが同じことを考えたら、誰も費用を負担しなくなり、結果としてそれは供給されないことになります。それがあればみんなのためになることがわかっていても、供給されなくなってしまうのです。

道路、橋、警察、消防……公共財として思い浮かぶ多くのものが、政府によって供給されているのはそういうわけです。自由な市場のメカニズムの利点を解明したことで知られている経済学者アダム・スミスも、ある種の公共事業は政府のやるべき仕事であることを指摘しています。タダ乗りをさせないために、料金は「税金」という形で、いわば強制的に徴収されているわけですね。

難しいのは、誰からどれだけ徴収するのか、という問題です。一律なのか、その恩恵に与《あずか》る人が中心なのか……。さらに、教育のように、公共財としての性質をもっていますが（問題！：教育はどのような外部経済をもたらすでしょうか?）、政府によって（公立）も民間によって（私立）も供給されているものがあります。鉄道や電話、郵便のように、かつては政府によって供給されていたものが、民営に切り替えられたものもあります。どちらのパフォーマンスが優れているのか……？　考えなければならないことがたくさんありますね。

## 利用者が多いほど便利になる——ネットワーク外部性

さて、次の応用例です。もし、外部経済が他の経済主体ではなく、結果としてそれを生産している主体自身に及ぶとしたらどうなると思いますか。そんなことがあり得るのでしょうか？　というか、その場合、それはそもそも「外部経済」なのでしょうか？　時としてそういうことが生じます。その一つが「ネットワーク外部性」と呼ばれる性質なのです。

まず例によって言葉の定義からいきましょう。ある財について、その利用者が増えるほどその財の魅力（便利さ）が増していく性質を「ネットワーク外部性」といいます。通常であれば、生産量を増やすことはそれに応じて生産費用も増加するという意味で「タダ」ではありません。しかし、ネットワーク外部性が働くことで、生産量を増やすことがその財・サービスの魅力を増し、それに対する売れ行きが増加することになるとしたらどうなるでしょうか？　利用者が増えることで便利になっても、消費者はその恩恵に対して追加的な対価を支払うわけではありません。だから売れ行きだけが増えます。ここでも「便利さ」という素晴らしいと同時に決してタダではないものが、利用者が増えるだけで増してしまうのですから、これはやはり「タダごと」ではないことが起こるのです。まさにこれは外部経済です。しかも、その結果はその財の売れ行きをさらに高めることを通じて、その財の生産者に帰ってくるわけです。そしてさらに生産量が増え、さらにさらに便利になって……これは終わらないですよ。

## 英語が世界共通語である理由

では、例を挙げて考えてみましょう。もし神様から、「今の日本語以外に、もう一つの言語を使える能力を授けよう」と言われたら、あなたは何語を選びますか？ もちろん人によって特別な好みもあるでしょうが、多くの人はやはり英語を選ぶのではないでしょうか。それは巷《ちまた》にある「○○会話学校」で、圧倒的に多いのが「英会話学校」であることでもわかります。かく言う筆者も「われながら傑作」と思える論文が思い浮かんだら、それを何語で発表したいかと問われれば、迷うことなく「英語」です。それはなぜでしょうか？

「英語が語学的にもっとも優れた言語だから」と答える人はいるでしょうか？ 少なくとも、自分が使いたい言語を選ぶときに「言語として優れている」という基準は、多くの人にとってどうでもいいことのはずです。筆者もそうですし、さらに言えば、筆者は言語学者ではありませんが、英語ってそんなに言語的・文法的にきっちりした「優れた」言語だとは思いません。例えば、同じ-ea-というつづりなのに、「read」（リード）、「bread」（ブレッド）、「break」（ブレイク）と発音が変わるなんて、勘弁してくれと言いたくなります。

だとすれば、答えは一つです。それは一番多くの人が使っているからであり、結果として一番多くの人に通用する言語だからです。それ以外の何物でもないのです。利用者が増えるほど「便利」な言語になるわけです。そして重要なことは、あなたや筆者がそう思ったとたんに、英語を選ぶ人がまた一人、二人と増えたのです。そしてそれは、ますます多くの人が使い、ますます多くの人に通用する「便利な」言語になるのです。

## 文句を言いながらWindowsを使い続ける人々

言語は生産量とは関係ありませんが、パソコンのOSはいかがでしょうか？ 筆者はWindowsをもうずっと使っていますが、だからといってこのOSに対する筆者の評価が高いわけではなく、むしろ最低（?）に近いものがあります（たぶん同意してくださる方も多いかと思います）。ではなぜ、三日に一度文句を言いながら、筆者はWindowsを使うのでしょうか。答えは「周りの人がみんなそうだったから」です。かつてはMacとWindowsの間でファイルのやり取りをするのは、変換が必要で結構面倒でした。そうすると、OSとしての評価とは別に、周りの人がみなWindowsを使っているというだけで、Windowsは「便利な」OSになってしまいます。筆者がそういう決断をすると、そこでまたWindowsを使う人が一人増え、新しく来た人もWindowsを選ぶことになります。そうして、結果としてはますます

Windouwsが便利な（「良い」ではないです！）ＯＳになるのです。おそらく第三の新しいＯＳの可能性というのは、それがどれだけ優れていても、非常に難しいであろうことが予想されるのです。

逆の例として、ここで思い浮かぶのがカラー・ファックスです。読者のみなさんの中でどれだけの人がカラー・ファックスをおもちでしょうか。筆者はもっていません。この時代にモノクロであり続けているのは、そちらの方が奇妙な現象だと思いませんか？　筆者はかつて、ある友人からカラー・ファックスを購入する相談を受けたことがありました。きっとその日のチラシにお買い得な新製品でもあったのでしょう。その時、筆者は友人に尋ねました。「君の周りでカラー・ファックスを使っている人はどのくらいいるんだい？」。友人はさも自慢げに「誰もいない。俺が最初だ」と答えました。もう、おわかりですね。自分だけがカラー・ファックスをもっていても、カラーの画像は金輪際どこからも出てきません。周りの人はカラーの画像を送信することも、受信することもできないのですから。カラー・ファックスは、周りの人がみなそれを使うようになって初めて便利で、魅力的なものになるのです。残念ながら、そのネットワーク外部性が働く前に、メールによる画像の送受信が支配的になってしまったのは、みなさんもご存じの通りです。ちなみに筆者の友人も、結局、カラー・ファックスは買いませんでした。

## ネットワーク外部性がもたらすもの——競争自体がなくなる

ネットワーク外部性の厄介なところは、産業によってはひとたびそのメカニズムが機能すると、市場はごく限られた種類（場合によっては一つ）の財によって独占されてしまうことです。何しろ、利用者が多いほど便利なのですから、いろいろな種類が競合するといったことが生じません。つまり、市場メカニズムから競争それ自体が放逐《ほうちく》されてしまうことになるのです。もちろん、生産技術の面でたくさん生産することがますます高くついてしまうような場合には、それによって自然とブレーキがかかります。

しかし、財によっては作れば作るほど、単価が安くなるようなものがあります。これを費用逓減《ていげん》産業といいます。先ほど例として挙げたパソコンのOSなどは、いわば最初の1枚を作るのに莫大なコスト（開発費用）がかかるとしても、2枚目以降（コピー）の追加的なコストは微々たるものです。ということは作れば作るほど、売れば売るほど、1枚当りのコストは安くなる計算になりますね。これにネットワーク外部性が絡むと、市場は必然的に独占に近い状態を実現してしまうことになるのです。

とはいえ、スタートの地点ではネットワーク外部性が働くチャンスはみな平等に与えられているともいえます。その中であるものが独占的地位を得るのは何によるのでしょうか？

何しろ当たれば一攫千金《いっかくせんきん》も夢ではないわけですから、読者のみなさんもぜひ答えを知りたいでしょう。もし、その答えが「たまたま」だとしたら、ガッカリですか？

実はそうなんです。いや少なくとも、この点に関して「たまたま」は大変に重要な役割を果たします。次にそのことを説明しましょう。

## アメリカ大陸の原住民はインド人か？——経路依存性の問題

アメリカ大陸の原住民は「インディアン」と呼ばれています。でも「インディアン」とは本来「インド人」という意味ですよね。なぜ彼ら・彼女らが「インド人」なのでしょうか？

その理由は、読者のみなさんもご存じの通り、あそこをインドと間違えた人がいたのですね。大陸の発見者として知られるクリストファー・コロンブス（１４５１頃〜１５０６）その人です。

とはいえ、今ではアメリカ大陸がインドではないことは小学生でも知っています。それなのにいまだに「インディアン」と呼ばれ続けていますよね。コロンブスの歴史的勘違い（たまたま）が「定着」してしまったのです。最近でこそ、一部で「ネイティブ・アメリカン」などという言葉も用いられているようですが、それは政治的な配慮を伴った動きであって、十分に受け入れられているとは限らないようです。

仮に出発点が「勘違い」であったとしても、その呼び名がいつしか定着してしまうと、それを変えることは意外と難しいのです。何しろみんながそれを使っているのですから、インド人じゃないことはわかっていても、「インディアン」と言えば通じることがよくわかっているのです。無理してあえて「アメリカ大陸にもともと住んでいた原住民」と言って、相手が「?·?·」となるよりも、ずっと確実でしょう。だから私も「インディアン」と呼んでおくことにしようと思った時点で、またこの呼び名の利用者が一人増えたわけです。そして、それはますます通用しやすく、便利になります。そう、ネットワーク外部性ですね。

一人ひとりが呼び名を変えること（「インディアン」から「アメリカ大陸の原住民」）はそれほど想像を絶するコストを要するわけではありません。ほんの少し面倒くさいだけです。でも、一人ひとりがちょっとだけ簡単な方を選ぶことの結果として、社会全体としてはそれがますます定着してしまい、呼び名を変えることはますます面倒になるのです。もちろん呼び名についての問題は、それとは別の「民族的アイデンティティ」にかかわる難しい問題も伴います。

とはいえ、もしコロンブスが、たどり着いた大陸について勘違いをしていなければ、他の名称が定着しただろうと思われます。今ある「インディアン」という呼び名は、歴史が「コロンブスの勘違い」という経路をたまたま通ったことの結果です。このように、ある時点で支配的な現象が、たまたま歴史が通った経路（アクシデント）に依存してしまうという意味で、この性質を「経路依存性」といいます。

## キーボードはなぜ「QWERTY」の配列なのか

あなたの使っているパソコンのキーボードを見てください。アルファベットの配列は、一番上の列で左から「QWERTY……」となっていますね。筆者のパソコンももちろんそうです。しばしばそのまま読んで「クワーティ配列」などと言います。アルファベットに関する限り、英語のキーボードでもこの配列が標準です。でも、なぜこの配列なのでしょうか? 少なくとも英語に関する限り、それが一番英文を打ちやすい配列だからでしょうか? 読者のみなさんは、もうこの章の話に慣れてきたからおわかりですね。そう、答えは「NO」です。その証拠に、他の配列もかつてはあったのです。

有名なところでは、1932年にオーガスト・ドヴォラック（あの作曲家のドヴォルザークの遠い親戚だそうです）とW・L・ディーレイが特許を得たDSK（Dvorak Simplified Keyboad）という配列で、これを使う人々は当時のタイプ早打ちコンテストの優勝を総なめにしていました。1940年代に行なわれたアメリカ海軍の実験によれば、キーボードをDSKに切り替えることはその後のタイプ速度の上昇によって、そのための訓練のコストを考慮しても、10日で元が取れることがわかったそうです。

では、それなのになぜ現在の標準が「QWERTY」なのでしょう? 答えは経路依存性とネットワーク外部性に他なりません。

## タイプライター誕生秘話――スタンダードになるのは「たまたま」

アメリカはウィスコンシン州のミルウォーキーで印刷業者をしていたクリストファー・ショールズは、持ち前のメカマニアぶりを発揮して、素朴な「筆記マシーン」を発明し、1867年10月にその特許を申請しました。ところがそれは急いで商業ベースに乗せるには多くの欠点をもっていました。特にタイプを打つのが速すぎると、文字を打つバーが壊れたり、絡まって同じ文字を打ち続けたりしてしまうのです。しかも構造上、（なんと！）文字をプリントする部分が見えないので、わざわざ開けてみて初めて気がつくという始末でした。これを商品化するためにアルファベットの配列を改善するプロセスでは、なんとかこの事故の頻度を減少させることが重要課題でした。その結果できたのがQWERTYの配列で、その商品は「TYPE WRITER《タイプライター》」と名付けられました。おそらくその過程では、「速く打ちにくい」配列が採用された（!）ものと信じられています。

タイプライターがブームとなった1880年代初めには、アルファベットの配列はもちろん、技術的にもより発展したさまざまな競合デザインが現れていましたが、それにもかかわらず、1895年の時点ではなんとQWERTYが標準と呼ばれるようになっていたのです。

理由はさまざまですが、特に大きかったのは、１８８０年代後半にタッチ・タイピング（いわゆるブラインド・タッチです）が現れて、これがたまたまＱＷＥＲＴＹに対応していたのでした。何しろキーボードを見ないで打つ以上、配列の記憶が重要になります。その人からタッチ・タイピングを習おうと思ったら、やはりＱＷＥＲＴＹにせざるを得ません。書かれる教科書の多くも、ＱＷＥＲＴＹに基づくものが店頭に並びます。タイピストを雇う企業も、ＱＷＥＲＴＹになじんだ人がたくさんいて簡単に雇えるなら、無理して他の配列のためにあえて投資しようとはしないでしょう。こうしてタッチ・タイピングの普及とともにＱＷＥＲＴＹのキーボードが普及すると、新参者にとってはそれに倣うことが便利となり、結果としてますます普及してしまいます。

アメリカ海軍の実験が示したように、もしかするともっと速く打てるキーボードに切り替えるには、ちょっとしたコストしか必要としないのかもしれません。でもその「ちょっとしたコスト」を一人ひとりが敬遠する結果として、社会全体としてはネットワーク外部性のメカニズムが大きく働いていくのです。

そして、今、標準となっているキーボードの配列は、ショールズが欠点の多いTYPEWRITERを急いで商品化した時に、（おそらく）キーボードの配列を少し打ちにくくしたという歴史の偶然的なエピソード（経路）に依存しているのです。

このことは、社会現象の理解にとって、歴史を振り返ることが不可欠であることを物語っているように思えます。何がその時の標準となるかを決めるのは、合理的なメカニズムだけではなく、まさにたまたま通った歴史の経路であるからです。

※引用：レフ・ニコラエヴィチ・トルストイ『アンナ・カレーニナ』中村融訳、岩波文庫より

# 第2章の
# キーワード

## 外部性

その活動が他の主体に直接影響を及ぼすにもかかわらず、それに伴う費用が適切に負担されていないことから生じる現象とその性質をいう。タダでないものがタダになっていることが問題であり、その結果、活動は過剰になったり過少になったりする。

## 公共財

外部性の一種で、非競合性と非排除性によって特徴づけられる財。社会にとって重要であるにもかかわらず、自由な競争メカニズムを通じては適切に供給されない。

## ネットワーク外部性

外部性の一種で、利用者が多くなるほどそれ自体の利便性が高まるという性質。良し悪しとかかわりなく、売れるものがますます売れるという自己増幅的効果をもつ。

## 経路依存性

歴史の展開が、偶然的な経路に依存する現象。何が支配的になるかが、そのものの良し悪しではなく、歴史的偶然に依存してしまうことになる。

第 3 章

# 短期と長期

変えられるものと変えられないもの

economics

1

# 短期と長期

「神よ、変えることのできるものを変える勇気を与えたまえ。
変えることのできないものを受け入れる冷静さを与えたまえ。
そして、
その両者を見分ける知恵を与えたまえ」

ラインホルド・ニーバー

これはアメリカの神学者ラインホルド・ニーバー作とされる祈りの句です。なるほど、われわれの意思決定にとって何が大事かといって、これほど大事なことはないかもしれませんね。そしてニーバーが言う通り、何が難しいといって、最後の「見分ける」ことが難しいのです。このことは経済学にもそのまま当てはまります。筆者もできれば、神様にお願いしたいところです。

## 教科書に出てくる「短期」と「長期」の区別

経済学の教科書にはたびたび「短期」と「長期」の区別が現れます。実はこれがしばしば初学者を悩ませるものであり、ひいては経済学者自身があいまいかつ混沌《こんとん》とした分析を行なう元凶ともなっているのです。誰だって初めてこの区別に接すれば、「短期ってどのくらいの長さなの?」「長期はそれよりどのくらい長いの?」と聞きたくなるに決まっています。試しに、近くに経済学者がいたら尋ねてみるといいですよ。帰ってくるのは、異様にあいまいな答えか、または異様に理屈っぽい答えかのどちらかで、いずれにしても当初の質問には答えていないこと請け合いです。

もちろん、それはその経済学者のせいばかりではありません。経済学はこれまで、抽象的な理論モデルによる分析を、よりエレガントなものにすることを優先して、複雑なことや答えが分かれるようなことはできるだけ排除してきました。歴史的、あるいは現実的な「時間の経過」はまさにその難しさゆえに、経済モデルから追放処分を受けてきた筆頭といってもいいほどです。上級の経済学教科書では、時間をtで表す、いわゆる「動学モデル」が当たり前のようにひしめいていることからすると、経済学者が現実の時間の長さに関する素朴な質問に適切に答えられないのは、なんとも不思議なことですね。

筆者も同じ穴の出身者ですから、理屈っぽいことでは同類かもしれません。しかし、ここでは短期と長期をめぐる混沌を整理することを試みたいと思います。それは現実に経過する時間の「長さ」だけを問題にしているのではありません。しかしその時々の状況に応じて、その用い方を区別することは、読者のみなさんが現実を理解することの大いなる助けとなるはずなのです。また、現実を無視した、いい加減な経済学の詐術に引っかからないためにも役立つはずです。

さて、経済学に登場する短期と長期は、以下の三つのカテゴリーに分類することができると思います。

第一に「期間」の短期・長期、第二は「意思決定」の短期・長期、そして第三が「調整」の短期・長期です。もちろん、後で説明するように、この三つはまったく別個の世界ではなく、それぞれが互いに重なり合っています。それでもあえて、これらを区別すること（見分ける神の知恵です！）が大事だと思うのです。

## マーシャルによる「期間」の区分

まずは「期間」の長期・短期から考えてみましょう。これについては、アルフレッド・マーシャル（1842〜1924）による区分がよく知られています。今日の経済学の教科書、特にミクロ経済学の教科書の原型ともいうべき体系をまとめ上げたマーシャルは、その大著『経済学原理』の中で時間の問題をとても重視しており、これを丁寧に論じています。ただ、本人も認めている通り、確かにそれはとても難しいのです。しかしそれすら、今となってはどこかに捨て置かれたままになっているようです。

彼は市場における価格の決定を論ずるにあたって、以下の四つの期間をその長さによって区別しました。

①一時的：供給量が手元にある財のストックに依存する。日々の市場価格を支配する
②短　期：数か月から1年の期間。供給量が既存の生産設備を用いて生産される量に依存する
③長　期：数年。生産設備の量それ自体が変動し、それによって供給量が左右される
④超長期：一世代。技術や人口の変化も含む世代間の供給量の変化を伴う

これらは実際に経過する期間を問題にしているのですが、同時に第二の「意思決定」の短期・長期とも関係があります。それは人や組織が意思決定をするにあたって、まさに「変えられないもの」と「変えられるもの」とのバランスの問題でもあるのです。この観点からは、

「変えられないもの」（経済学では「与件」という言葉を使います）が相対的に多い時に、それを「短期の意思決定」といい、「変えられるもの」が相対的に多い時に、それを「長期の意思決定」といいます。これは相対的なものであり、具体的な期間の長さというよりは、意思決定において、何が「変数」で何が「定数」であるかの区別だということができます。

マーシャルの区分に沿って考えると、①の「一時的」は供給量それ自体が与件（変えられないもの）である状態での意思決定ということになります。供給量は手元にある財のストックだけであり、「変えられないもの」です。それに対して②の「短期」では、生産量（供給量）は「変えられるもの」です。ただし、生産を行なうための工場や設備は与件です。これが③の「長期」になると、生産設備の規模自体も「変えられるもの」になり、その下での意思決定を問題にしています。最後に、④の「超長期」では、技術や人口も変化するものとして扱うことになります。

このように意思決定において、あるものが「変えられないもの」である時に、それはそれが「変えられるもの」である場合に比べて、相対的に「短期の意思決定」と呼ばれるのです。たしかに「長い目で見れば」あらゆるものは変わっていく（万物は流転する！）と考えることができますが、かといって具体的にそれがどのような期間に対応するのかというと、それは必ずしも定かではないのです。その場合には、期間の長さではなく、意思決定において何が変数であるかを問題にしているのだと理解してください。

そしてそのように考えると、それは第三の「調整」の短期・長期と関連するということが理解できるのではないでしょうか。現実に適応していくためには、さまざまなものを現実に合わせて変えていく必要があります。ただし「変えられないもの」は仕方がありません。より短期においては「変えられるもの」で対応するしかないわけですね。必然的に調整は不十分なものになります。これがより長期になると、さまざまなものが「変えられるもの」になるはずですから、望ましい状態への調整が可能になるわけです。そういう意味で、望ましい状態への調整メカニズムが十分に働く状態を「長期」と呼び、それが不十分にしか適応できない状態を「短期」と呼ぶ、そういう用い方をすることもあるのです。

## コイン・トスの「期間」問題

一見無関係なようですが、実は「確率」というものについても同様の区別があてはまります。今、コインの裏表をめぐって賭けが行なわれているとしましょう。インチキはなしですよ。なんと、もう5回も続けて裏が出ているとしましょう。さて、次はどちらに賭けましょうか？　5回も続けて裏が出ているのだから、6回目はいくらなんでもそろそろ表が出てもいいんじゃないの？　と考えるのが人情というものですね。でも、違います。5回も続けて裏が出たのを覚えているのはあなたであって、コインにはそんな記憶はありません。そう、次の確率も裏が1／2、表が1／2です。いつでもそうです。

これが納得できない人が意外と多いようです。まだ一度もコインを投げていない時点（長期的意思決定）で、この後6回続けて裏が出るのは、（1／2）×（1／2）×（1／2）×（1／2）×（1／2）×（1／2）＝1／64というわけで、確かにそれはめったに起こることではないかもしれません。でも、いくら珍しいとはいえ、5回続けて裏が出るという事象が「すでに起こってしまった」後（短期的意思決定）では、それはもはや変えられませんから）では、次の6回目は最初の1回目と何も変わらないのです。数学の言葉ではこれを「条件付き確率」といいます。ここでも、変えられるもの（まだ1回もコインを投げていない）と変えられないもの（すでに5回続けて裏が出た）との区別が重要になってくるわけです。つまり、あなたが意思決定をする「時点」あるいは「パースペクティブ」が異なっているわけですね。

## 「変えられないもの」の代表——サンク・コスト

まずは準備運動として、意思決定において「変えられないもの」の代表格であるにもかかわらず、われわれの多くがそれを直視することが苦手な概念から始めましょうか。

それは「サンク・コスト（sunk cost）」（埋没費用）です。すでに支払ってしまい、もはや回収することが不可能であることがわかっている費用を、このように呼びます。すでに支払ってしまい、回収できないのですから、その費用自体はもはや「変えられないもの」であるわけです。合理的な意思決定としては、それは捨て置いて、それを与件とした上で最大のメリットを追求するべきなのですが、どうやら人間はなかなかそうならないようなのです。

今、こんな場面を思い浮かべてください。ある休日、あなたは最近ロードショーになった話題の映画を観に行きます。上映時間は午後3時からおよそ2時間です。その後、大好きなショッピングを1時間ほどする予定です。本当はもっともっとショッピングに時間をかけられたら最高なんだけど、午後6時には保育園に娘を迎えに行かなければならないのです。これればかりは遅れることは許されません。

映画を見始めて30分ほど、これはどう考えても見当違いでした。思っていたものとはほど遠い、なんとも期待はずれなつまらない映画です。まいったな。でも、映画の代金は1800円もしました。あなたならどうしますか？　一つの選択肢は、「こんな映画はもう観るのをやめてショッピングに行こう」というものです。もう一つは、「でも、せっかく1800円も払ったんだから、最後まで観ないと損をしてしまう」というものです。意外と、この「最後まで派」が多いのをご存じですか。え？　あなたもそうですか？

ここでの費用と便益を少し冷めた目で計算してみましょう。

◆**映画を観続けると**：費用は１８００円。便益はつまらない映画２時間。大好きなショッピング１時間

◆**映画を観るのを途中でやめると**：費用は１８００円。便益はつまらない映画30分。大好きなショッピング２時間半

もう、おわかりですね。どちらを選択しても映画の代金１８００円は変わらないのです。だって、もう払ってしまったのですから。そう、それはもはや「変えられないもの」に属しているのです。あなたはそれを与件（与えられたもの）として、もっとも便益の高い選択をすべきであるとすると、結論はおのずと明白であるわけです。

ここで映画の代金１８００円は、もう支出されてしまって決して帰ってはこないという意味でサンク・コスト（埋没してしまった費用）なのです。それは「変えられないもの」なのですから、もっと良いものを犠牲にしてまで「元を取ろう」とするのは合理的な行動ではありません。

## 食べ放題のビュッフェとダイエット

あるいは、４０００円で食べ放題のビュッフェはいかがでしょうか。安くはないかなぁ。

でも行くことにしました。「うん、美味しかった！」というところで終わりにするのがいいんじゃないですか？　いやいや、結構おなか一杯になってきたけど、せっかく4000円も払ったんだから、無理してでも元を取らなきゃあ……。ダイエット中であることなんか一時的に忘れて……(?)。ここまでの話を踏まえても、やはりあなたはそう考えるでしょうか？

たぶん、そんなことはないとは思いますが、一応、また計算しましょうか。

**◆適度なところで終えると**：費用は4000円。便益は「美味しかった」

**◆無理して食べると**：費用は4000円。便益は「美味しかった」マイナス「おなかが苦しい」マイナス「ダイエットが台無し」……

残念ながら、どちらの選択においても、あなたの支払った4000円は帰ってはきません。それはサンク・コストであり、「変えられないもの」なのです。


さぁ、身の周りのサンク・コストをあれこれ探してみましょう。たくさんあるはずですよ。そして、われわれの意思決定がそれに振り回されていないかどうか、確認してみましょう。

ちなみに、ここまで本書を読むことに費やした時間も、サンク・コストです。といいますか、多くのケースにおいて「費やした時間」「過去の出来事」はサンク・コストである場合が多いのです。筆者も人のことは言えませんが、それをめぐってあまりくよくよするのはやめましょう。もちろん、だからといって、本書を途中で放り出すことが、あなたにとっての合理的な選択ではない（！）ことを祈ります。

## 企業の意思決定問題への応用

それではもう少し経済学的な文脈の中で短期・長期の議論を応用してみましょう。ミクロ経済学の教科書に出てくる典型的な短期・長期の問題に、生産者行動の理論があります。生産者の「費用関数」なるものを導出するにあたって、これが問題となります。これは先に述べた区分でいうと、「意思決定の短期・長期」に相当するものの典型例です。したがって、そこではあくまで生産者の意思決定の「パースペクティブ」とでもいうべきものが問題になります。

定義自体はいたってシンプルであり、生産者の意思決定にとって「短期」とは、固定費用が存在することであり、それに対して「長期」とは固定費用がないことを意味します。ここで固定費用とは、生産者の意思決定にとって「与件」であり、もはや変えることのできない変数です。それは仮に生産量がゼロだとしても、負担されねばならない費用であるということもできます。具体的なイメージとしては、すでに土地・建物を取得済みで、その下で毎月どのくらいの生産を行なうか、という意思決定が短期の意思決定であるといえます。そう、マーシャルの②「短期」と同じ考え方です。この場合、土地の広さや工場の規模はもはや変えることのできない部分であり、それを与えられたものとして、その上で、どれだけの人を雇って、どれだけの原材料を仕入れて、どれだけの生産量を実現するか、についての意思決定をすることになります。繰り返しますが、この意思決定が「短期」であるのは、変えられないものが存在する状況（今の例では、工場設備の規模）での意思決定であるからです。

この短期の意思決定で特徴的なことは、儲けが出ないという意味での「利潤ゼロ」は必ずしも最悪の状況ではないことです。売上が思わしくなく、儲けがゼロになってしまったとしても、それが引き際ということにならないのです。もしそこで、生産をやめると、すでに取得してしまった土地、建物の「固定費用」がそのまま借金として残ります。つまりトータルで見た利潤はゼロどころか、大きくマイナスになります。今この固定費用をF円としましょう。そうすると、生産活動をやめた時の利潤は、ゼロではなく、マイナスF円ということになります。もし、利潤をこれより大きく（マイナスを少なく）できるのであれば、それはやった方が良いことになりますね。つまり、労働者を雇用して、原材料を仕入れて、生産物を販売した結果、少しでも固定費用を縮めることができるのであれば、そうすべきだということになります。つまりこの場合の固定費用は、それを回収できる可能性があるという意味で、サンク・コストではないのです。

本当に生産をやめた方が良い状況とは、生産をすると利潤がマイナスF円よりも小さくなる（マイナスが大きくなる）時です。つまり、売上では労働者に賃金も払えないし、仕入れの代金にも足りない、つまり生産活動をすることでさらに借金が大きくなるような状況です。したがって、短期の意思決定においては、生産活動をやめるか否かの境目は、マイナスF円ということになります。整数の意味で、これより利潤が大きければ（マイナスが小さければ）、生産活動を続けるべきであり、逆に利潤が小さくなる（マイナスが大きくなる）のであれば、生産をやめるべきということになります。ちなみに、後者を「操業停止点」といいます。ここが、次に述べる長期の意思決定と大きく異なる点です。

さて、長期の意思決定になると「固定費用」がなくなるというのは、どういうことでしょうか。それはすべてが「選ぶことのできる変数」になるという意味です。短期の例では、すでに土地や工場を取得済みという意味で、生産の規模は与件であったわけです。これに対して長期の意思決定では、どこに、どのくらいの規模の工場を建設するか、それ自体も意思決定の対象になります。いや、そもそもその産業に参入して、そこで生産活動を行なうかどうかそれ自体が意思決定の対象になるのです。まさにマーシャルの区分でいう③の「長期」です。そこでは意思決定の要になるのは、文字通り儲けがプラスかマイナスかということになり、マイナスF円が境目であった短期の意思決定とは異なってくることがわかります。そもそもその産業に参入しない、という選択肢があるわけですから、最悪の結果はあくまで利潤ゼロですよね。

## 湯の量と風呂桶の大きさ――景気変動と経済成長を混同するあやまち

意思決定を通じて動かせるものと、動かせないものとの区別は、日々の意思決定にとって重要であるだけでなく、政府の経済政策においても重要な視点を提供します。政府の経済政策やそれを伝えるメディアの言葉遣いで、しばしばその混同を目にします。

例えば、「デフレ脱却のための成長戦略」なんて表現はいかがでしょうか?

筆者は経済学者であるがゆえに、どうでもいいことにこだわりすぎるのでしょうか。しかし、間違いなく言えることは、こんな言葉遣いをしていたら、何をすべきかについての議論は、いつまでたっても深まらないということなのです。それでは安っぽい議員の思うつぼです。

筆者がここで提案したいのは、「景気変動」と「経済成長」の区別です。それはまさにこの章のテーマである短期と長期の区別にかかわっています。

ここでも強いて言えば、問題となるのは具体的な期間の長さよりも、「意思決定」や「調整」

にかかわる短期・長期です。

経済全体について、その生産設備や生産年齢人口が「与件」であるような「短期」を思い浮かべてください。数ある経済問題の中でも飛び切り重要な問題の一つに、市場経済は放っておくと「その与えられた設備や労働を100％利用することができない」というものがあるのです。もしそのようなことが生じると、せっかくあるのに遊休している設備や、働く能力も意思もあるのに仕事を見つけることができない労働者（非自発的失業）が存在することになります。実はこれこそが、われわれが「不況」あるいは「不景気」といった言葉で表現している現実なのです。そのように考えれば、景気変動、すなわち「好況」（好景気）や「不況」（不景気）という概念は、その社会にとって潜在的な生産能力（キャパシティ）をどのくらい稼働させることができるか、という経済問題であることがわかります。そして、そもそもそういうことが問題になるのは、われわれが生活しているこの市場経済では、しばしばその潜在的な生産能力を利用し尽くすことに失敗するからであり、機械設備はともかく、人間に関しては非自発的失業が厳然とした経済問題であり続けているからなのです。

そのような考え方からすると、景気対策とは、現行の生産設備と労働を与件として、その潜在的な生産能力をいかに稼働させるか、という「短期」の意思決定であることがわかります。これに対して経済成長とは、短期においては与件であった生産設備や技術、労働といったものそれ自体が変数となるような「長期」の問題であると区別することができます。いわば、潜在的な生産能力それ自体をいかに拡大していくかが、経済成長の問題であるわけです。そこでは生産設備の量、技術、労働人口も含めて、変化するものと見なされます。

このように区別すると、「景気対策」と「成長戦略」とはおのずと異なったものにならなければなりません。既存の生産能力を100%利用しきれないことが問題（不況）であるのに、生産能力それ自体を拡大する戦略（成長）がもっとも望ましいことにはなりません。視覚的なイメージでいうと、短期の景気対策の問題とは、一定の風呂桶があっても、そこに十分な湯が満たされていない問題であり、長期の成長戦略とは、風呂桶それ自体を大きくしていくための戦略であるということもできます。風呂桶に十分なお湯がないことが問題であるのに、風呂桶を大きくする戦略が優先するとは考えられないわけです。

## 同じではないけど、まったく無関係でもない

ただし、ここで慌てて付け加えなければならないのは、そうはいっても短期の景気対策と長期の成長戦略は、まったく別々の問題ではないということです。特に留意する必要があるのは、既存の設備と労働を用いて生産されるものには「設備それ自体」も含まれるということです。今ある設備ないし潜在的な生産能力をどれだけ用いることができるかによって、拡

大していく今後の設備の量が左右されるということですね。経済学の言葉でいうと、短期的な生産の中にはさまざまな生産能力拡大のための投資支出（物的なものも人的なものも含めてです）も含まれており、それが将来の潜在的生産能力を決めていることになるのです。いわば、現在風呂桶の中にどれだけの湯が満たされているかによって、将来の風呂桶の大きさが変わってくるということができるわけです。

つまり、短期の景気対策と長期の成長戦略を結びつけるカギとなるのは、民間および公的な投資支出であることがわかります。したがって、それを増加させることは、やりようによっては景気対策ともなり、成長戦略ともなり得るでしょう。

しかし重要なのは、やはりその区別です。その政策は「何のため」なのかをはっきりさせることが重要だと思うのです。繰り返しになりますが、労働をはじめとして潜在的な生産能力を遊休させないことと、その生産能力それ自体を拡大することとは違うのです。とりあえず、この章ではその区別の重要性を指摘するにとどめたいと思います。

ちなみに、短期においては需要の一つである投資支出の、より長期的な生産（供給）能力拡大効果に注目して、マクロ的な動態理論を打ち立てたのは、ロイ・ハロッド（１９００〜１９７８）でした。そこには巷でいわれるような「ケインズ経済学の動学理論」といった言葉では尽くせないような資本主義経済の壮大なビジョンがあるように思えます。いや、その巷の評価さえ、その後の新古典派成長論によってぼやけたものにされてしまいました。普通の扱いでは、「経済成長論」と書かれた教科書の最初の方で、未熟で素朴な理論として取り上げられていることが多いのです。でも、そんなことはないと思います。残念ながら絶版になっていますが、図書館などで探して、ハロッドの原典（例えば『動態経済学序説』『経済動学』など）をぜひ多くの人に読んでもらいたい気がします。

※引用：ラインホルド・ニーバー作と伝えられている祈りの言葉。さまざまな来歴があるが、神学者の大木英夫氏が紹介した英語原文と日本語訳を参照しながら、西が訳した

2

# 市場の調整メカニズムをめぐって

「だが、この長期的観点は、現在の事柄については誤謬を生じやすい。長期的にみると、われわれはみな死んでしまう。嵐の最中にあって、経済学者に言えることが、ただ、嵐が遠く過ぎ去れば波はまた静まるであろう、ということだけならば、彼らの仕事は他愛なく無用である」

ジョン・メイナード・ケインズ『貨幣改革論』

これは経済学者のジョン・メイナード・ケインズ（1883〜1946）が残した名言の中でも特に知られた、引用されることの多い言葉です。ご存じの方も多かろうと思い、前後を含め、やや長めに引用しました。いかにもケインズらしい、辛辣でありながら見事に的を射た言葉です。しかしこの言葉の意味するところは、未だに当の経済学者たちにも必ずしも正しく受け止められていないようです。今なお、あらためて、経済学が現実を前にして無力であるとすれば、その少なからぬ要因は、経済学者が相変わらずこのケインズの言葉通りだからだと思います。

## 「長期的には○○となる」という経済学の詐術

われわれは誰でも「長期的には」お祈りで雨を降らせることができます。ホントですよ！　もちろん読者のみなさんにもできます。ただし、そのためには「長期的には」の意味を、「実際に雨が降るまで」と解釈していただかなければなりませんが……。雨が降るまで雨乞いを続ければ、定義によって、誰にでも（長期的には！）雨を降らせることができるわけです。

筆者が冒頭に引用したケインズの言葉を素晴らしいと思うのは、数ある経済学者による「長期的には○○」の中で、唯一正しく、かつ意味のある命題は、この「長期的にはみな死んでしまう」しかないと思うからです。

いつの間にか「長期的には」であるはずの命題が、あたかも直ちに生じるかのように、何の説明もなく解釈されることこそが、経済学の最大の詐術なのです。

## 需要と供給のメカニズム

読者のみなさんもよくご存じの「需要と供給のメカニズム」にも同じことがあてはまります。需要と供給が等しくなるような点は「均衡点」と呼ばれ、そこで実現する状態は、資源配分の効率性という観点からは「良い性質」をもっていることが知られています。

問題は二つあります。一つは、現実の経済ははたしてその均衡点にたどり着くのでしょうか。二つ目は、たどり着くとして、それにはどの位の時間がかかるのでしょうか。一つ目の問題については、とりあえず理論的な分析が与えられていますが、二つ目については、実はほとんど何も言えない、というのが経済学の現状です。

一つ目についての分析もあまり現実的とは言えないものです。何しろ、ある市場における需要と供給は、他の市場の需要と供給にも影響を及ぼします。お蕎麦の市場と蕎麦つゆの市場、バスの市場とタクシーの市場、砂糖の市場とケーキの市場……。実は、おなじみの需要曲線と供給曲線の分析というのは、他の市場を全部固定して（変化しないものと仮定して）初めて利用することができる分析道具なのです。経済学の用語では、これを「部分均衡分析」といいます。

これに対して実際の市場のメカニズムは、すべてがすべてに対して相互依存関係にあり、固定されてはいません。ある財について需要と供給が等しくなっても、他の財の価格が変化すると、その影響で等しかったものが等しくなくなってしまうことは十分にあり得るわけです。そのような相互依存関係を明示的に考慮するには、膨大な数の連立方程式からなる「一般均衡分析」を必要とします。そこではすべての財の需要と供給が、すべての財の価格に依存します。そうすると、先ほど述べた一つ目の問題というのは、ある財について均衡点にたどり着くか、という問題ではなく、すべての財が同時に均衡点にたどり着くような状態がはたして実現するのか、という問題でなければならないのです。これは教科書的には、「一般均衡の安定性の問題」と呼ばれます。

## 他愛なくも無用な理論？——市場の安定条件

現在知られているもっともポピュラーな安定条件は「粗代替性《そだいたい》」という条件です。簡単に言うと、ウィスキーと焼酎のように、片方の価格が高くなると消費を切り替えてもう片方の需要を増やすという意味で、財同士がお互いにライバル（代替）関係にあることを指します。逆に蕎麦と蕎麦つゆや紅茶とミルクのように一緒に消費する（補完関係といいます）財同士はこれを満たしません。もしすべての財が互いに粗代替性を満たせば、一般均衡は安定であり、（長期的には！）そこにたどり着くというわけです。みなさん、これ、どう思いますか？

筆者も経済学者の一人として、仮定の非現実性のみをことさら攻撃しようとは思いません。しかし、市場のメカニズムを過剰に信頼している一部の経済学者は、何を根拠に、そんなに自信満々なのか不思議に思わざるを得ませんね。ここで百歩譲りましょう。粗代替性が満たされれば一般均衡は安定であることを受け入れたとして、では、実際に均衡点にたどり着くまでにどのくらいの時間がかかるのでしょうか。そう、上述した二つ目の問題です。おそらく返ってくる言葉は、「長期的には……」でしょうね。まさにケインズが言っているように、「他愛なくも無用な」理論だと言いたくなりませんか？

一般均衡モデルの完成者といわれるレオン・ワルラス（1834〜1910）は、均衡にたどり着くプロセスのモデルとして昔の証券取引所のようなものを想定していました。競売人が価格を設定し、それに基づいて需給が申し出られて、超過需要や超過供給に応じて再度価格が変更される。そのプロセスを需給が一致するまで繰り返すというもので、ワルラスはこれを「タトマン」（模索）と呼びました。しかし、この世のあらゆる財・サービスがそれと同じようなプロセスで一般均衡にたどり着くと考えることは、仮に理論的に可能であったとしても、現実の時間経過の中で考えたときには、さらにさらに気が遠くなってきます。大事なことは、経済学がこれまでそういう問題をあまりにも簡単に抽象化して、「長期的には……」と言って済ませてきたということです。そして、さらにそのことすら忘れて、市場のメカニズムに対する過度の信頼を吹聴する厚かましさにはあきれるばかりです。

## 貨幣数量説の忘れられた前提

経済学の理論の中でもっともよく知られたものの一つに「貨幣数量説」というのがあります。簡単に言うと、「貨幣供給量の変化は、それと比例的な物価の変動をもたらす」という命題です。もちろんここからさまざまな含意が引き出されるわけですが、それは「物価をコントロールするには、貨幣供給量をきちっと管理することが重要だ」であったり、「貨幣供給量を変化させても、長期的には（そら来た！）実体経済には何の影響もない」であったりするわけです。

そして、それはしばしば、景気対策として貨幣供給量を伸び縮みさせるような裁量的な金融政策は無効であり、大事なことは貨幣供給量をルールに従って管理することである、という主張に結び付くわけです。これは経済学の学派では「マネタリスト」と呼ばれる一派のテーゼとして知られています。しかし学派としては必ずしもマネタリストには属さないような経済学者も、「長期的には」貨幣数量説が正しいことを認めているケースが多いのです。筆者ですか？　もうおわかりの通り、それは「長期的に」の解釈次第です。

そこでこの貨幣数量説を少し詳しく見てみましょう。今、Ｐで物価水準を、Ｙで実質の国内総生産を表すことにしますと、PYで名目の国内総生産（大まかに言うと、その年の価格で測った経済の総生産額）を表すことになります。この生産活動やそれに伴うさまざまな取引を行なうには貨幣が必要です。しかし、必要な貨幣額はPY円ではありません。1枚のお札は筆者がそれを支払いに使えば、今度はそれを受け取った人がまた別の取引にそれを用います。つまり、貨幣は人手を転々と回転することで複数の取引を媒介しているわけです。そこで金額としての貨幣額をMで表し、その平均的な回転率をVで表すことにしましょう。そうすると、M円の貨幣は平均Vだけ回転することで、MV円の取引を媒介することができます。これがPY円に等しければよいわけです。というわけで、

$$PY=MV$$

という関係式ができ上がります。これは多少その表現を変えてありますが、基本的にはアーヴィング・フィッシャー（1867～1947）というアメリカの経済学者の名前と結びついて「フィッシャーの交換方程式」と呼ばれています。このうちV（回転率）の大きさは、その時その時の制度的な要因（祝日もATMを利用できるか、近くにコンビニエンス・ストアがあるか、現金がなくてもクレジット・カードで買い物ができるのか、行きつけのお店はどのくらいツケが利くのか、等々）に依存しますので、その制度が大きく変わらない限り一定であると考えることができます。この「一定である」ということを頭にバーを付けて$\bar{V}$で表しましょう。さて、

これに加えてもし、Yの値も一定であれば、つまり$\overline{Y}$と表せるのであれば、交換方程式は、

$$P\overline{Y} = M\overline{V}$$

という形になります。頭にバーのついたものは動きませんので、これを見れば、右辺のM（貨幣供給量）の変化は、それと比例的なP（物価）の変化をもたらすことがわかります。つまり、貨幣数量説の命題が成り立つかどうかは、「Yが一定である」という前提に大きく依存していることになります。この点が重要なのです。

## 冷えていれば、冷蔵庫は不要である――「○○が一定」という前提条件

なぜ国内総生産Yが「一定」なのでしょうか。ここで「長期的に」が登場するのです。ここでいう「長期的に」は本章冒頭で行なった区分によると、「調整」の短期・長期に対応します。つまり市場の調整メカニズムが「十分に」働けば、遊休設備や失業者は価格や賃金が必要なだけ下がることを通じて、すべてが利用されるようになるだろうというわけです。そしてそのような調整が「十分に」働けば、国内総生産はその「完全雇用水準」（設備や労働が利用され尽くされている水準）に定まることになります。そして、この完全雇用国内総生産は、その時のその経済における資源・労働・技術などを目一杯利用したときに実現できる値として、それらの条件が変わらないかぎり一定の値に定まるということなのです。

かくして、貨幣供給量の増加は、「長期的には」それと比例的な物価の上昇をもたらすだけであり、実体経済には何ら影響を及ぼさない、と主張されます。

読者のみなさんは、胸を張って質問しましょう。「その『長期』ってどのくらいの長さなんですか?」と。答えは、市場の調整メカニズムが十分に働き切るだけの長さです。「それって本当に働くのですか?」。答えは、「十分な時間」が与えられれば、可能だと考えられます。「『十分な時間』ってどのくらいの長さですか?」。答えは、それを「長期的に」というのです。

ほらね、やっぱりケインズの言う通りだと思いませんか?

貨幣数量説の命題を正確に述べれば、市場の調整メカニズムが十分に働ききるだけの長期を想定すれば、貨幣供給量は実体経済に何ら影響をもたらすことはない、ということになります。「市場のメカニズムが一定の時間の中で十分に働く」ことは「証明された」のではなく、「もし、そうであれば」という「前提」なのです。そもそもマクロ経済政策は、市場のメカニズムが十分に機能していないことに対して、その必要性が説かれているはずです。それに対して、市場のメカニズムが十分に機能していれば、マクロ政策は無効である、というのは「同義反復」であって、何も言っていないのと同じことです。「ビールが十分に冷えていれば、冷蔵庫は不要である」と言うのと同じです。われわれはそこから何の知識も得られません。

## 完全雇用を前提とする「自然失業率仮説」の登場

この貨幣数量説は、ミルトン・フリードマン（1912〜2006）による「自然失業率仮説」という新たな装いで再登場しました。その主張するところは、相変わらず景気対策としての裁量的な金融政策は無効である、というものです。景気対策としての金融政策は、短期的には失業を減らすことができます。ここで「短期的」とは人々の予想する物価上昇率と実際の物価上昇率が異なっている期間、と定義されます。これはむしろ調整に関する短期・長期の区別になるでしょうね。各自が将来予想を現実に合わせて「調整」することが想定されているのです。景気対策は失業を減らす一方で、物価も上昇させるので、それに気づいた人々は物価上昇に見合った高い賃金を求めるようになり、これが結局、賃金上昇→雇用の減少→失業の増加、という形で元《もと》の木阿弥《もくあみ》になってしまうというのです。

つまり、景気対策としての金融政策が効果をもつように見えるのは、人々が現実の物価上昇率に気づかない「短期」の現象であり、やがて人々が現実の物価上昇を認識する（長期）頃には、それは元に戻ってしまうというわけです。

そうすると、いくら金融政策を通じて失業率を下げようとしても、「長期的」には、失業率をある一定の率以下に下げることはできないことになってしまいます。この「これ以上下げられない」失業率のことを「自然失業率」と呼んだのでした。それはゼロではないのです。どんなに景気が良くても、失業率はゼロにはなりません。筆者が大学をクビになったとしても、直ちに看護師の求人に応じることはできません。そのような就活に要する時間や、求職と求人のミスマッチなどから生じる失業率が、これ以上下げられない「自然失業率」の正体だということになります。

しかし、読者のみなさんはそろそろお気づきではないでしょうか。ここでも経済が自然失業率の水準にあることは「証明」されているのではなく、あくまでも「前提」なのです。ミスマッチだけが問題となるような労働市場の状態は、景気が悪くて失業が発生している状態とは違います。そうであれば、そこではそもそも景気対策としての金融政策を必要としていないはずです。それは事実上の完全雇用経済を前提にしていることになります。ここでも「長期的に」というレトリックによって、人々が現実の物価上昇率を認識する、ということに加えて、市場の調整メカニズムが十分に働くことで、経済は自然失業率すなわち完全雇用の状態にあるということが「前提」になっているのです。市場の調整メカニズムが十分に働き切っている状態であれば、景気対策としての金融政策は無効である、と言っているに過ぎないのですね。やはり立派な同義反復であり、「他愛なく無用な」命題に聞こえます。

※引用：ジョン・メイナード・ケインズ『貨幣改革論』中内恒夫訳、東洋経済新報社より

# 第3章のキーワード

## 意思決定における短期と長期

選択において選べるものと動かせないものとを認識する視点。動かせないものがあることが短期における選択であり、長期的にはそれもまた変数となり得る。

## サンク・コスト（埋没費用）

すでに支出されてしまい、回収することのできない費用。短期的に動かせないものの典型であり、それに捉われるのは合理的な選択ではないことが多い。

## 調整における短期と長期

経済学の議論にしばしば出てくる。調整過程がその中途である状態が短期であり、それが十分に調整され尽くす状態が長期ということになる。ただしこの場合、その具体的な長さについて言及することは重要である。

## 貨幣数量説

通貨供給量の増加は、それと比例的な物価の上昇をもたらすという説。調整における長期の視点が前提となっているという意味で、多くの教科書に書かれているほど疑問の余地のない命題ではない。

## 自然失業率

雇用におけるミスマッチや職探し行動などによって説明される、景気の良し悪しとは関係ない失業率。経済はやがてその状態を実現するという仮説は、自然失業率仮説と呼ばれるが、調整における長期的視点の典型である。

第 4 章

# 情報の非対称性

競争を通じて悪いものが残る

economics

# 1 情報の非対称性と逆選択

「三度の食事を二度につめ　せっかくためたへソクリを
すっかりはたいて買ってみりゃ　見てくればかりのポンコツで
ガタンと止まって　ハイ　それまでョ」

植木等　流行歌「ハイ　それまでョ」

さすがに今の日本では中古車市場がきちんと整備されていますから、まさかこんなことはないのでしょうね。ちなみに、この曲の作詞は東京都知事まで務められた故・青島幸男氏です。そしてこの章は中古車市場の話から始まります。それがなぜそんなに重要なのでしょうか？　答えは、かつて一人の経済学者が中古車市場を例にとって、経済学的にきわめて重要な分析的視点を見事に例示してみせたことによります。その鬼才の名はジョージ・アカーロフ（1940〜）で、その業績により2001年にノーベル経済学賞を受賞しました。

彼が取り扱ったテーマは「情報の非対称性」と呼ばれるもので、今では立派な経済学の研究分野となっています。これはいわゆる不確実性の一種です。不確実性とは広い意味で意思決定のための情報が不足していることです。この世の中は将来のことを含め、さまざまな不確実性に満ちており、われわれはそれに翻弄されて生きています。ただしある意味では、情報が不足しているがゆえに適切な意思決定ができない、というのはそれほど不思議なことではないですね。当たり前と言っては身《み》も蓋《ふた》もありませんが、仕方がない気もするわけです。

ところがこの「情報の非対称性」は、これから説明するように、その状況が結果としてもたらす事象に驚かされるのです。決して当たり前でも自明でもないがゆえに、多くの経済学者にインパクトを与えたのだと思います。しかもそれは、気難しい高度な数学モデルをもてあそぶのではなく、身近な例を用いて簡潔かつ明快に示されました。筆者が彼、アカーロフを「鬼才」と呼ぶ所以《ゆえん》です。

## レモンとプラムの市場——情報の非対称性とは？

まずはこの概念を定義しましょう。「情報の非対称性」とは、ある財・サービスについてそれを需要する側と供給する側とで、その財・サービスに関する情報量が異なっていること、と定義されます。というわけで、冒頭に述べた昔の中古車市場は、まさにこれの格好の舞台となるわけです。アカーロフはこれを「レモンの市場」と呼んでいます。ここでいう「レモン」とは果物ではなく、「不良品」「欠陥車」のことで、辞書にもちゃんと載っている言葉です。一説によると果物のレモンは中身から腐るので、外見からはわからないことからきているともいいますが、真偽のほどは定かではありません。

それはともかくこの中古車市場ですが、中古車を供給する人々にとってそれは自分が乗っていた車です。どのくらい大事に（あるいは乱暴に）乗ってきたのかも含め、それについてよく知っているわけです。これに対して、中古車を需要する人々にとっては、まさに目の前の車がレモンなのかプラム（良いものを指すのに使われます）なのかは、買って実際に乗ってみるまでわからないというわけです。一歩間違えば、まさに冒頭に引用した植木等さんの歌のようになってしまうリスクに直面していることになります。

では、このことが一体何をもたらすのでしょうか。簡略化された例を用いて見てみましょう。今、中古車市場に100台の中古車が売りに出されており、100人の買い手がいるとします。そのうち50台はレモン（あまり優良ではない中古車）であり、50台はプラム（優良な中古車）であるとします。個々の車の違いを問題にし始めると話が複雑になりますので、レモンはみな同じレモンであり、プラムもまたみな同じくプラムであるとしましょう。

さて、そこで何が起こるかを見るためには、まず「情報の非対称性」がない状態を想定して、そこでどのような状態が実現するかを見ます。続いて、「情報の非対称性」が存在するときに、それとの比較でどのようなことが起こるかを見るのがわかりやすいのです。そこで、レモンとプラムに関して、売り手と買い手がそれぞれ希望している販売価格と購入価格を次のように想定しましょう。

上表を説明しますと、レモンの売り手は自分の車を30万円以上で売りたいと思っています。買い手の方は、もしそれがレモンだとわかるのであれば（情報の非対称性がなければ）、40万円まで出してもよいと思っているとします。同じくプラムについても、売り手は70万円以上で売りたいと思っています。買い手の方は、もしそれがプラムだとわかるのであれば（情報の非対称性がなければ）、80万円まで支払う気があるとします。もし実際にこうなのであれば、これは実に牧歌的な望ましい状態であって、双方にとって良い取引が実現するでしょう。

レモンについては、30万円と40万円の間のどこか、例えば35万円ぐらいで折り合いがつくでしょう。30万円以上で売りたいと思っていた売り手にとって、35万円は悪くありません。同じく40万円まで出すつもりのあった買い手にとっても、35万円は良い値段ということになるでしょう。

### ◆中古車の希望価格

| | 売り手 | 買い手 |
|---|---|---|
| レモン | 30万円 | 40万円 |
| プラム | 70万円 | 80万円 |

同じくプラムについても、70万円と80万円の間のどこか、そう、例えば75万円ぐらいの価格が成立すると期待できます。それなら70万円以上で売りたい売り手にとって十分な価格ですし、80万円まで出してもよいと思っていた買い手にとっても満足のいく価格となります。つまり、もし「情報の非対称性」がなければ、レモン、プラム両方の市場において、売り手と買い手の双方が満足を高める取引を行なうことができ、めでたし、めでたしなのです。

これに対して、「情報の非対称性」が存在するとどうなるでしょうか。

売り手は自分の車がレモンなのかプラムなのかをもちろん知っていますが、買い手は目の前の車がどちらなのかわからないとします。レモンなら40万円、プラムなら80万円払う用意はありますが、どちらなのかわかりません。2分の1の確率でレモンであり、2分の1の確率でプラムであることはわかっています。さて読者のみなさんが買い手だとしたら、目の前の車にいくら払ってもいいと思うでしょうか? 80万円払ってもいいと思う人は気前が良すぎますよね。だって半分の確率でそれはレモンかもしれないのですから。逆に40万円しか出さないというのは、ちょっと虫が良すぎませんか? だって半分の確率でそれはプラムかもしれないのですから。

ここで大事なことは、買い手はそれほど気前よく高い価格を払えなくなってしまうということなのです。例えば今のケースでは、80万円出せるような車である確率が2分の1、40万円しか出せないような車である確率が2分の1ということで、80万円×1/2＋40万円×1/2＝60万円が「平均的に」人々が出してもよい価格と考えることができます。これを「数学的期待値」といいます。

もちろん、今の簡単な例にはそんな価格の車はないわけですが、買い手の平均的な「心情」として、そのくらいのお金しか出せないと理解していただければ結構です。しかし買い手が平均して60万円までしか出せないとなると、プラムの売り手（70万円以上で売りたい）にとっては割に合いません。せっかく大事に乗ってきた良い車なのだから、70万円以上で売れないのであれば、自分で乗り続ける方が良いと考えるでしょう。プラムの売り手は市場から去ってしまいます。そう、つまり「情報の非対称性」の下ではプラムの市場がなくなってしまうのです。残るのはレモンの市場だけであり、35万円ぐらいで取引が行なわれるでしょう。しかしこの状況は、「情報の非対称性」がなく、両方の市場が成立していた状態と比べると、明らかに劣った状態であることは明白です。

## 競争の結果、劣ったものが勝ち残る——逆選択という悪夢

しかし、話はそこでは終わりません。「情報の非対称性」の下では、それがない場合に比べて劣った状態が実現するというだけではないのです。ここで生じているのは、優良なもの

（プラム）が市場から消え去り、質の劣ったもの（レモン）が残るという現象なのです。これを「逆選択」といいます。英語ではadverse selectionといいますが、これは「自然淘汰」と訳されることの多いnatural selectionをもじったものであることがおわかりでしょうか。自然淘汰は、進化の過程において環境により適合した種がより多く子孫を残すことに成功する、というメカニズムです。これに対して逆選択では、競争のメカニズムを通じて質の劣ったものが市場に残ることになるのです！

これはある意味で恐るべき大問題です。なぜなら、競争メカニズムというものが嫌いな人でも、必要悪としてそれをある程度認めるとすれば、それは競争によって、より安価でより良いものが出回ると期待されるからではないでしょうか。ある程度の競争メカニズムが働かないと、品質や価格を改善するための努力が行なわれなくなることを恐れるからではないでしょうか。

筆者はカラー画面のノートパソコンを初めて見た時を思い出します。若い人たちには信じられないかもしれませんが、ノートパソコンはそれまで当然のようにモノクロの画面でした。それがカラーになったものが発売されているのを見て、その技術の進歩を実感した覚えがあります。ただし、値段は（正確には覚えていませんが）70万円以上していたと思います。「いったい誰が買うんだ?」と思ったものです。今では、性能においても価格においても、ほとんど比較にならないほどはるかに優れたノートパソコンを数万円で買うことができます。そして、それを説明するのは、決してパソコン・メーカーの慈愛心や社会貢献への情熱ではないでしょう。他社よりも性能の良いものを一層安く、という利潤獲得への競争メカニズムがこれをもっともよく説明するように思われます。

時にその結果の無慈悲が人々の心を痛める競争メカニズムも、他方においてそれが良いものを生み出す限りにおいて、必要悪と認められるのだと思います。そうだとすれば、「競争の結果、かえって質の悪いものが市場に残る」ということの結論は、われわれを愕然とさせずには済まないのではないでしょうか。そして「情報の非対称性」の下では、それは確かにそうなってしまうのです。

※引用：作詩　青島幸男。ＣＤ　ハナ肇とクレイジー・キャッツ『クレイジーシングルズ』東芝レコード（日本音楽著作権協会㈳許諾１７０２０８０６０－０１）

# 2

# さまざまな逆選択

「もし彼が借りた金を返せず　自暴自棄になって
落ち込んで　何も言えないのなら
言ってあげなさい　でも私は友だ　信じてくれていいと
……
もし彼がすべてを無くし　もうダメだと感じているなら
その哀れな男をしっかりと立たせるため、手を貸してあげなさい
忘れてはいけない　彼もある一人の母親のかけがえのない息子なのだから
いつも立ち上がらせてあげなさい　決してがっかりさせてはいけない」

Blind Alfred Reed「Always Lift Him Up」

この曲の作者の名を知る人は少ないかもしれません。19世紀後半にアメリカのヴァージニア州で生まれた盲目のヴァイオリン弾きであり、街角でキリスト教的な信仰によるメッセージ・ソングを歌い続けた人です。彼の曲のいくつかは、後にライ・クーダーというミュージシャンを通じて世界に知られるようになりました。筆者は宗教的信条を超えて美しい歌だと思うのです。いや、目の前にある現実が必ずしもそうではないと知っているからこそ、そう感じるのかも知れません。

そして、それは100年以上前からそうだったのかもしれませんね。自分が知らない一人ひとりについて、常にこのように考えることはなぜかくも難しいのでしょうか？　答えの一端は「情報の非対象性」にあるように思われます。

## 消費者金融市場の金利はなぜ高いのか？

それでは「情報の非対称性」について、一層厳しい現実的な例への応用を考えてみましょう。最初のテーマは消費者金融です。かつては「サラ金」などと呼ばれてあまり良いイメージではなかったのですが、最近は大手金融機関の傘下でテレビのＣＭも随分とオシャレになりましたね。とはいえ、その金利の高さは相変わらずです。お金を借りたい消費者もさまざまだと思いますが、なぜ相変わらずこうも高い金利が適用されるのでしょうか？　世はマイナス金利政策の時代だというのにです。

まずは消費者金融の市場における「情報の非対称性」とは何であるかを考えてみましょう。それはお金を貸す（資金供給）側と借りる（資金需要）側の間の問題です。そしてそこで重要な情報とは、「返済能力」ないし「貸し倒れリスク」に関するものです。お金を貸す側は、その人がどんな人なのか十分には知りません。そのお金を何に使うのか、返すあてはあるのか、どんな仕事をしていて（あるいはしていなくて）、次に給料が入ってくるのはいつなのか、そしてそれはどのくらい確かなのか……。ただ、たいていの場合、借りる人は「期限までに必ず返します」と言うこと、そしてそれはそれほど確かなことではないことぐらいしか知ることができないわけです。

これに対してお金を借りる側は、少なくとも貸す側よりは知っているわけです。何しろ自分のことですから。自分がどんな仕事をしていて、お金を何に使うのか、次に給料やボーナスが支払われるのはいつで、その金額はどのくらいで、それはどれくらい確実なことなのか。こうしてお金を貸す側と借りる側には、その返済リスクに関して「情報の非対称性」が存在することになります。さて、ここで何が起こるかを理解するには、前節同様、もし「情報の非対称性」がなければどのような「めでたし」状態が実現するかを想定して、それとの比較で考えることが良いやり方になります。

もし「情報の非対称性」がなければ、つまり、お金の貸し手が目の前にいる人の返済能力を熟知しているのであれば、その返済リスクに応じて金利を設定するのが適切なやり方になります。十分に信用がおけて、よほどのことがない限りほぼ確実な返済が期待できるのであれば、その人に対する金利は低くて良いのではないでしょうか。その代わり、また借りてくださいね、と付け加えたくなります。

逆に、返済能力に関してかなりの不安が予想されるような相手であれば、それ相当のプレミアムを上乗せした高い金利を要求することになるでしょう。報酬として高い金利を受け取れるのであれば、危険を覚悟で貸してもいいよ、というノリでしょうね。それでも「悪いけどとても貸せませんねぇ」と無体に断られるよりは、それによって助かる人もいるのではないでしょうか。このように、「情報の非対称性」がなければ、相手の返済リスクに応じて金利を調節することができ、それはそれなりに「めでたし」な状態を生み出すと考えることができるわけです。

それに対して、「情報の非対称性」があるとどうなるでしょうか。貸し手は、目の前にいる人が上述のどちらのタイプなのかわかりません。そうすると、それほど気前良く低い金利で貸すことははばかられてしまうでしょう。その結果、「リスクの高い人用」と「リスクの低い人用」の「中間の」金利を設定するしかないことになります。先ほどの中古車市場における数学的期待値と同じ原理です。

しかし、その「中間の」金利は、返済能力の高い人にとっては高すぎるのです。「おいおい、私はちゃんと働いているし、来月には給料が支払われることが確実で、おまけに月末にはボーナスだって……。それが何だってそんな高い金利を払わないとお金を借りられないの？」。その結果、「じゃあ、いいよ」となります。ハイ、逆選択のスイッチが入りましたね。この市場からは、返済能力の高い人が抜けていくことになります。

そうなると、この市場には返済能力が相対的に低い人が残る傾向があることになります。お金を貸す側はそれを踏まえて、借りに来る人の返済能力をより低めに設定しなければならなくなります。結果として「中間の」金利だったものはより一層高めに設定されることになります。そして、この高めの金利は、次のグループである「そこそこ返済能力のある人々」にとってさえ、高すぎるものになるでしょう。そうして彼らもこの市場からいなくなります。残るのはさらにさらにリスクの高い人たちになってしまいます。そして、そのための金利は……。

おわかりですね。消費者金融市場における金利がなぜ高いかを、このように「情報の非対称性」によって説明することができるわけです。この問題を解決するためには、「情報の非対称性」を解消することが必要であり、そのためには借り手の返済能力に関する審査を強化することが重要になります。ただ、現実は（テレビのＣＭでご覧のように）それとは逆の方向に行っているように思われます。その結果、予想される通り、金利は非常に高い状態が続いています。

そしてこのことは、消費者金融に限らず、実は金融一般において問題となることにお気づきでしょうか。お金を貸すときには、その相手がサラリーマンであれ、企業であれ、政府であれ、発展途上国であれ、常に同じ問題が付きまとうのです。

かつての日本企業には、それぞれの企業に「メインバンク」と呼ばれるお得意様の銀行があり、メインバンクとなった銀行は、お金を貸す企業の経営にまでさまざまな形でかかわっていました。歴史的な評価はともかく、それは企業金融における「情報の非対称性」を解消するきわめて「日本的な」やり方だったのかもしれません。

## 保険に入りたがらない人、入れない人

では、続いて同じことを保険の市場に適用してみましょう。慣れてきた読者は先回りして考えながら読んでいただいてもいいでしょう。

まずは保険市場における「情報の非対称性」とはどんなものでしょうか？　これは保険会社（保険サービスの供給者）と保険に加入する人（保険サービスの需要者）の間にあることにな

ります。そしてその情報とは、事故（損害保険）や死亡（生命保険）の確率に関する情報です。保険会社の側は、保険加入者について通り一遍的なことしか知ることができません。これに対して加入者にとっては、それはいわば自分自身に関する情報なのです。自分がお酒やたばこに関してどのくらい不摂生なのか、親類縁者にはどういう死亡原因が多いのか、自動車の運転は荒いのか、安全運転なのか、毎日車を使うのか……等々です。読者のみなさんの中には、「自分が死ぬ確率なんて自分にだってわからないよ」と言いたくなる人がいるかもしれませんね。確かにそうです。でも重要なのは、情報の「非対称性」なのです。保険会社の人があなたについて知っていることに比べれば、やはりあなたがあなたについて知っていることの方が多いのです。

そして次のステップは、もし「情報の非対称性」がなければ、という設定で何が起こるかを考えます。もし保険会社が保険加入者の事故や死亡の確率に関する情報を適切に知ることができるのであれば、事故や死亡の確率が低いと思われる人には安い保険料、事故や死亡の確率が高いと思われる人には高い保険料を設定することが望ましいはずです。何しろひとたび事故や死亡が起これば、大きなお金を支払わなければいけないわけですからね。

しかし、例によって目の前にいる人がどちらなのかわからないとなると、何らかの形で「中間の」保険料が設定されることになってしまうわけです。そしてその中間の保険料は、死ぬことなど当面考えたこともないような若い人や、たまにしか車を利用しない安全運転のドライバーにとっては、「なんで自分がそんな料金で……」と思わせるほど高いものになっているかもしれません。そのような人々は保険に入ることを望まないことになります。こうして、保険市場からも事故や死亡の確率が低い人たちがいなくなってしまいます。そう、逆選択ですね。

あとは同様です。この市場には事故や死亡の確率が高めの人が残る傾向があるということになると、保険会社としてはますます高めの保険料を設定しなければなりません。そしてそうすることでますます、相対的に事故や死亡の確率が低い人から市場を退出していくことになり、ますます危険度の高い人が残ることになるのです。自動車保険などでは、最近のテレビCMを見ている限り、ゴールド免許か、通勤に車を利用しているか、などといった細かい設定に応じて保険料を変えているようですね。これは「情報の非対称性」を解消する動きであり、消費者金融とは逆の方向に行っているように見受けられます。

最後に、医療に関する保険については、みなさんご存じの通りです。日本では1961年以来、国民皆保険制度の下にあります。医療保険は病気になる確率に関して「情報の非対称性」を逃れることはできません。そして死よりも前に、自動車事故よりも多くの人が確実にかかわるものです。市場のメカニズムがそれを解決できず、逆選択が不可避であるとなれば、それを政府が提供することにはそれなりに十分な意味があることになります。

これまでの話で、市場から退出するのは事故や死亡の確率が低い人として説明してきましたが、もう一つ考えなければいけないのは所得の低い人です。高額所得者は多少保険料が高くても、「まぁ、いいか」となりますが、所得の低い人はそうはいきませんね。公的医療保険制度は、単に「情報の非対称性」による市場メカニズムの不備に対処するというだけでなく、所得の低い人も適切な医療保険サービスを享受できるという意味での所得再分配の役割を伴っているわけです。

※引用：ＬＰレコード　ライ・クーダー『チキン・スキン・ミュージック』ワーナー・パイオニア、の英語歌詞カードから西が訳した

# 3 情報の非対称性の深淵

「したがって、（品質について）不正直であることのコストは、それによって消費者が騙される分だけでなく、それが正当な商売を駆逐してしまうことによって（社会的に）失われるものを含んでいるのである」

ジョージ・アカーロフ「〝レモン〟の市場」

前節でご紹介した議論の出発点となったアカーロフの論文からの引用です。彼は「情報の非対称性」の応用として、品質についての企業の不正直がもたらす社会的な損失について論じています。実は「情報の非対称性」の問題は、単にある特定の市場の問題にとどまりません。自由な競争市場メカニズムのメリットを強調したことで有名なアダム・スミスでさえ、毛織物の品質認証を「政府の役割」であるとしていることは、決して偶然ではありません。それは市場メカニズムの本質にかかわるものだということです。

## 市場は情報の非対称性に満ちている

美味しいスイカの見極めや、新鮮な魚を選ぶことから始まり、食品の安全性、レストランで食べる料理の素材、購入したブランド品が偽物ではないこと、医師の診断を受けること、この本に書いてあることが嘘八百ではないこと（！）に至るまで、買い手の方は知らないことだらけではないですか！　実はこの世の中は「情報の非対称性」であふれかえっているのです。それどころか人類は自給自足から離れて、他の人々が作ったものとの交換に依存するようになった途端、「情報の非対称性」の世界で生きることを余儀なくされてきた、ということもできるでしょう。

交換において、こちらが提供するものについてはよく知っているけれども、相手が差し出すものの真贋《しんがん》についてはよくわからないというのは、すべての交換一般に成り立つ状況です。ましてや、世の中は誠実をモットーとする人ばかりではないとすると、いやスキあらばズルをしてでも得をしたいと思っている人がたくさんいるとなると、この状況はますます顕著なものになります。そしてそのことの結果は、冒頭で引用したアカーロフが述べている通り、騙された誰かが損をするということにとどまりません。そもそもそんな世界では、交換をしようという気持ちそれ自体が失《う》せてしまうだろうということなのです。

もし社会において商業が発達し、経済的に繁栄することを望むのであれば、その基礎にある交換に関して上述のような状況を克服することは、ぜひとも必要だということになります。アダム・スミスが毛織物の品質認証（今日の「ウール・マーク」でしょうか）を「政府の役割」だと考えたのは、毛織物に関して自由な取引が活発に行なわれるためには、目の前の毛織物に対して常に「これ本物？」を心配しなければならないような状態は、なくさなければいけないからに他なりません。逆説的ですが、民間の自由な取引が活発に行なわれるためにこそ、政府（王様でも大名でもお代官様でもいいでしょう）による質の保証を通じた「情報の非対称性」の解消が必要だということです。

## 度量衡の統一と情報の非対称性

歴史を振り返れば、秦《しん》の始皇帝が紀元前221年に今の中国に統一国家を作った時に、計量単位（いわゆる度量衡《どりょうこう》）や貨幣を統一しました。これは統一者の権威を示すものであるだけでなく、それなしには経済は発展しませんし、逆にそれを行なうには統一者の権威が必要だったのです。日本ではかなり遅れて大宝律令（701年）に基づいて、その翌年に度量衡の基礎が定められたといわれています。長さや重さの測り方が違っていたら、お互いに交換するときに相手の持ち物とこちらの物が等価であることをどうやって確認するのでしょうか。それをするのに手間はかかるわ、時間はかかるわ、やっているうちに争いになるわ、では商業の発達は見込めませんよね。

中世のヨーロッパにおいても、また別の視点から同様のことが生じています。もともとキリスト教の教えでは儲けを追求することは良いこととはされていません。それどころか富をもつ人が天国に行くのは「ラクダが針の穴を通るより難しい」というのがイエスの言葉でした。しかし、時代とともに商業や交易それ自体を否定し続けることは難しくなってきます。13世紀の修道士にして大神学者であったトーマス・アクィーナス（1225～1274）は、利益の追求それ自体は認めませんが、取引において「公正な価格」というものを主張しました。筆者はこれを単なる宗教的・道徳的観点からのみの主張とは思いません。次第に一般化しつつある商取引において、それが公正であるという安心感は、やはり「情報の非対称性」を解消するのに大きな役割を果たしたと思えるのです。そして、その公正さをもたらす権威が神であるときにはなおさらですね。

これは本書のもう少し後のテーマですが、実は貨幣についても「情報の非対称性」は重要な意味をもっています。従来、貨幣は物々交換の不便を解消するために、それ自体商品として価値をもつものが交換の媒体として選ばれたと考えられることが多かったのです。その行き着いた先が金・銀などだというわけです。ポイントは「それ自体の価値によって」という点と、「人々の自発的な選択によって」というところです。しかし筆者も含めてこれには疑義もあります。何よりこれでは、今日の紙っぺラでしかない貨幣を説明できません。そしてもう一つ説明できないのが「情報の非対称性」なのです。

## 自由な市場に不可欠なもの

交換の支払手段として相手が銀の塊を出した時に、一番問題になるのがその純度、重量です。そして、それが本当に相手の言う通りであることを確証するためには大変な時間と手間がかかります。そう、ここでもまさに問題は「情報の非対称性」そのものなのです。人々の自発的な取引にそれを委ねていたら、はたして貨幣を通じた商業は今に至るほどに発達できたでしょうか。もしそこに純度と重量を保証する刻印があれば、そしてその保証が政府ないしそれと同等な権威によるもので信頼できるということであれば、貨幣を通じての取引がどれほど活発になるか予想できるのではないでしょうか。国家による鋳造貨幣はまさにそのような必要から生まれたのであり、（時代的にはずっと後になりますが）始皇帝が貨幣を統一したのも原理的には同じ理由だと思います。そう考えると、貨幣とはその素材よりも権威による通用性の保証が重要であり、人々の自発的選択ではなく、権威による介在が必要だったのだと思われるわけですが、ま、それはもう少し後で論じることにしましょう。

筆者がここで強調したいのは、分業と交換に基づく市場のメカニズムは、その媒介である貨幣を含めて、その根本において「情報の非対称性」問題を常に抱えており、それを解消するための、安心して公正な取引が行なわれるための政府（またはそれに準ずる権威）による制度的、法的認証を必要としているということです。政府による（あるいは神による、かもしれません）そのような正しい舞台設定がなされていて初めて、自由な市場メカニズムはその機能を発揮できるのです。自由な市場メカニズムを賛美することと、そこから政府を排除することとを同一視している人々は、とても大事なことを見落としていると言わざるを得ないのです。

そしてさらに言うなら、グローバルに展開される今日の世界市場において、その舞台設定をする「権威」とはいったいどこにいるのでしょうか？　何しろそれなしには自由な市場は適切には機能しないのですからね。いや、ついつい難しい大問題にまで足を踏み入れてしまいました。それについては最後の第9章でもう一度言及することにしましょう。

## グレシャムの法則との類似

逆選択との関連で言及されることが多いのが、有名な「グレシャムの法則」です。「悪貨は良貨を駆逐する」という命題、聞いたことがある方も多いのではないでしょうか。

トーマス・グレシャム（1519〜1579）は、エリザベス女王の時代の大商人であり、王立取引所の創立者の一人でもありました。しかし彼の名前を冠されたこの法則を明らかにし、表明したのは、彼が初めてではありません。例えば、フランス北西部の港町リジウの司教・神学者であったニコル・オレムス（1320頃〜1382）は、グレシャムより二世紀も前にすでにこの傾向について述べていました。この知られざる経済学者のために、今後この法則を「オレムスの法則」と呼んであげることに加担してくれる人はどのくらいいるでしょうか。

それはともかく、まずはこの法則を説明しましょう。もしあなたの財布の中にいつものしわくちゃな1000円札に加えて、たまたまきれいなピン札の1000円札が入っていたとします。どちらも1000円の価値には違いないのですが、あなたがそれで支払うときに、「ピン札は何かの折に使えるから」という理由で、あえてしわくちゃの1000円札を選んで使ったとしたら、そこですでに「悪貨が良貨を駆逐する」現象が生じています。みんなが同じことをしたらどうなるかを想像してみてください。市場に出回るのは、しわくちゃの１００円札（悪貨）ばかりで、ピン札（良貨）の方は人々の懐《ふところ》にしまわれたままとなり、市場からは「駆逐」されてしまったことになります。

## 金・銀複本位制の難しさ

もちろん、この法則が実際に機能するのは、もう少し複雑な状況においてです。それは通貨として複数の貴金属（例えば金と銀）が用いられている時がそれです。これを「金・銀複本位制」と言います。今、１００円硬貨は一定量（例えば10グラム）の金でできていて、10円硬貨はこれまた一定量（やはり例えば10グラム）の銀でできているとしましょう。いずれも純度１００％とします。これは計算を容易にするための非現実的な設定であることをお忘れなく。そうすると銀貨10枚で金貨1枚ですから、額面上の交換比率は10対1です。しかし、これらの硬貨は、金と銀ですから、溶かして金塊・銀塊として、あるいは宝飾品としてもっていることもできるわけです。ここが問題です。金と銀には二つの交換比率ができてしまうのです。一つは、金貨と銀貨としての交換比率、もう一つは、金塊と銀塊としての交換比率です。前者（金貨と銀貨）は、もう額面に１００円とか10円とか書かれているわけですから、硬貨を作り替えない限りは10対1のまま変わりません。これに対して、金塊と銀塊の場合には、市場で取引される価格によって、その交換比率が変わってしまうのです。例えば、どこかの大陸で金鉱が発見され、その金が日本に大量に流入した、なんていう場合を考えてみてください。金の大量の流入により、金の価格は下がります。その結果、銀塊と金塊の交換比率は今までの10対1から8対1になったとしましょう。金の価格が下がっているのですから、金1に対して、銀は10ではなく8だというわけです。金の価値は相対的に低下していることになります。

さて、それにもかかわらず、金貨・銀貨として用いた場合には、相変わらず100円と10円のままだと何が起こるでしょうか。読者のみなさんは、100円のものを買うときに100円金貨を使いますか？　それとも10円銀貨10枚で支払いますか？　もちろん、100円金貨を使うべきです。銀は溶かして銀塊にすれば、8個で100円金貨の金と同じ価値をもっています。ということは10枚の10円銀貨には、今や100円以上の価値があるのです。100円のものを買うのに支払ってはもったいないではないですか！　他の人も同じことを考えると、支払いに用いられるのは100円金貨ばかりで、10円銀貨は人々の懐にとどまり続けることになります。

そう、市場では悪貨（金貨）が良貨（銀貨）を駆逐してしまったのです。

この場合の悪貨とか良貨とはどのような意味でしょうか。なぜ、今のケースで100円金貨は「悪貨」なのでしょうか。この点については、経済学者の中にも誤解している人がいるので注意が必要です。今の例では、100円金貨は、本当は（金塊・銀塊として見た時には）10円銀貨8枚分の価値（80円）しかないのに、100円として流通していることになります。つまり、100円金貨は「その価値が過大評価されている」ことになります。逆に10円銀貨10枚には、本当は（金塊・銀塊として見た場合には）100円金貨以上の価値があります。それなのに硬貨としては100円分としてしか使えません。つまり銀貨は「その価値が過小評価されている」のです。そして「悪貨」とは「過大評価された通貨」（額面ほどの価値はない）のことであり、良貨とは「過小評価された通貨」（額面以上の価値がある）のことをいうのです。どうせ使うなら額面ほどの価値がない「悪貨」にして、額面以上の価値のある「良貨」はしまっておこう、と考えるのは、しわくちゃの1000円札を使うのと原理は同じことです。

## 凡庸な造幣局長官、天才ニュートンの苦悩

こう考えると金・銀複本位制というのは、相当難しそうだと思いませんか？

何しろ、どこで新たに金鉱や銀鉱が発見されるかわかりませんし、金塊と銀塊の交換比率も日々の取引を通じて時間とともに変化していくのは避けられません。しかし、いちいちそれに応じて硬貨を作り直すのは大変な作業です。どうしても過大評価・過小評価問題は避け

られないことになります。実は世界でいち早く金本位制を採用したイギリスで生じたのは、まさにこれでした。金の大量流入から過大評価された金貨が「悪貨」となり、結局長い時間の経過の後、銀貨を駆逐してしまいました。仕方がないので、金だけを通貨素材に限定したわけです。

この話にはさらに驚きのオチがあります。金の過大評価を避けるには、通貨を作り直さなければならないのですが、これに追われて四苦八苦、それでも追いつかなかった当時のイギリスの造幣局長官は、かのアイザック・ニュートン（1642〜1727）だったのです。

彼は物理法則を分析し、体系化することに関しては、人類屈指（おそらく最高）の大天才でした。そのニュートンが、その晩年、複本位制の下での造幣局長官としては、謹厳実直以上の人ではなかったのは、経済現象の手に負えない複雑さを象徴しているのかもしれません。

ちなみにニュートンは、イギリスで18世紀初頭に起こった有名な「南海会社バブル」にまつわる投資で、今日の評価で100万ドル以上を失ったと伝えられています。その時の彼の言葉は、「私は物体の運動を測定することはできるが、人間の愚行を測定することはできない」だったそうです。筆者もまったく同感です。そこを見抜いたニュートンはやはり偉大なる賢人でした。チャチャっと数学や統計学を使っただけで、経済学が「科学」であると信じて疑わない単純素朴な有象無象とは天と地ほどの差があると思います。

さて、話を戻しましょう。ここで注意を要するのは、「悪貨が良貨を駆逐する」ことそれ自体は確かに逆選択の現象ですが、それは必ずしも「情報の非対称性」によってもたらされるわけではないことです。中古車市場の例では、買い手がすすんで支払う価格（中間の価格）は、レモンを過大評価しており、プラムを過小評価しています。その結果、過大評価されたレモン（悪貨）が過小評価されたプラム（良貨）を駆逐してしまうわけです。とはいえ、通貨の場合、過大評価や過小評価は「情報の非対称性」によってではなく、額面と貴金属の含有量を調整する人為的な政策（あるいは無政策）によってもたらされるものです。

つまり、それは「情報の非対称性」によってではなく、むしろ「制度的不備」ないし「人災」として引き起こされるものだと考えられるのです。両者は似ているけどまったく同じわけではないことは、当のアカーロフも論文の中で述べています。

※引用：George A. Akerlof, The Market for "Lemons": Quality Uncertainty and the Market Mechanism, *Quarterly Journal of Economics*, Vol. 84, No. 3. (Aug., 1970), pp. 488-500. より西が訳した

# 第4章のキーワード

## 情報の非対称性

需要する側と供給する側とで、その財について保有している情報が異なること。不確実性の一種。それによって逆選択がもたらされる。経済学の教科書で取り上げられる以上に、日常にあふれていることが認識されるべきである。

## 逆選択

「情報の非対称性」の結果として、競争メカニズムを通じて質の劣ったものが市場に残る現象。市場メカニズムの信頼性について、もっとも由々しき現象の一つである。

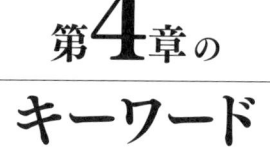

第 **5** 章

# 貯蓄と投資の恒等式

木を見て森を見ない議論から抜け出そう

economics

1

# 貯蓄と投資の恒等式

「狂人と子供は正しいことばかり言うものだ、アドソよ」

ウンベルト・エーコ『薔薇の名前』

これは映画にもなりましたウンベルト・エーコの小説から、主人公であるウィリアムの言葉です。舞台は中世北イタリアの修道院ですが、ウィリアムはまさにシャーロック・ホームズばりの合理的推理力を披露します。俳優はショーン・コネリーで、これがまたこれ以上考えられないくらいのはまり役でした！　何しろ主人公の名前が「バスカヴィルのウィリアム」で、その弟子が「アドソ」です。シャーロック・ホームズのシリーズを読んだ人なら、誰でもこれが「バスカヴィルの犬」「ワトソン」からきたものだとわかります。

さて、筆者もこの後、まるで狂人か子供のように正しいことばかり言おうと思います。それは定義によって必ず成り立つ関係式（恒等式といいます）です。恒等式である以上、それは必ず成り立つといえますし、他方で「当たり前」の関係であるともいえます。しかし「当たり前」の関係はあなどれませんよ。だって必ず成り立つのですから。言い換えれば、それは経済を全体として「縛っている」といってもいい関係なのです。そして世間の経済論議においては、しばしば目の前にある個々の経済問題に焦点が定められるあまり、それらを全体として縛っているもっと大きな関係が忘れられがちなのです。まさに「木を見て森を見ない」という議論ですね。そこでわれわれは森を全体として支配している関係を見てみようと思うのです。本当に支配しているのか心配ですか？　大丈夫です。だってそれは「当たり前」の関係ですから、必ず成り立つのです。

## ちょっと辛抱して式の導出

さてそうはいっても式ですから、厳密にやろうとすると文章だけではわかりにくい部分もあるかもしれません。多少辛抱してついてきていただければと思います。われわれが出発点とする「当たり前の関係」とは、「経済全体で誰かが貸したお金の総額は、誰かが借りたお金の総額に等しい」というものです。なぜなら誰かが「貸した」という以上は、必ず誰か借りた人がいるからです。誰も借りていないのに貸すことはできないでしょう？　同じく誰かが「借りた」というのであれば、そこには必ず貸した人がいるわけです。だって誰も貸していないのに借りることはできませんから。というわけで、

**貸したお金の総額＝借りたお金の総額…（1）**

ということになります。これはあくまで経済全体の話です。一人の人ではありませんので、注意してくださいね。この本は縦書きなので、説明の便宜上、イコール（＝）の上の方を「左辺」、下の方を「右辺」と呼ぶことにします。さてそこで左辺の「貸したお金の総額」ですが、これは言い換えれば当面使われなかったお金のことです。使ってしまったら、その人はもうそのお金を誰かに貸すことはできません。これは言葉の問題として、貸したお金の総額とは当面使われなかったお金のことで、これを「民間貯蓄」と呼ぶことにします。これは呼び名の問題です。かくして、

**左辺＝貸したお金の総額＝当面使われないお金＝民間貯蓄…（2）**

となります。

次に右辺の借りたお金の総額ですが、これは誰が借りたかによって、三つに分けることができます。それはどの経済にも当てはまる三つの部門への分割です。それは「民間部門」と「政府部門」、そして「海外部門」です。最後の海外部門とは、例えば日本なら、日本以外の国々を全部まとめて「海外部門」と呼ぶのです。そうすると、地球上のあらゆる経済主体は、日本国内の「民間部門」と「政府部門」、そして日本以外の「海外部門」からなることがわかります。それ以外はないですよね？　というわけで、

**右辺＝借りたお金の総額＝民間部門の借入れ＋政府部門の借入れ＋海外部門の借入れ…（3）**

と書くことができます。（2）式と（3）式の内容を当初の（1）式に入れてもう一度整理しますと、

**民間貯蓄＝民間部門の借入れ＋政府部門の借入れ＋海外部門の借入れ…（4）**
①　②　③

という関係を得ることができます。これは（1）式に示された「当たり前の関係」を分割し

たり、名前を付けたりしただけのものです。ですから、もちろん（4）式も相変わらず「当たり前の関係」です。

（4）式の右辺は三つの部分からなっていますので、それぞれ①、②、③と番号を付けて、その中身を順にもう少し詳しく説明していきたいと思います。

まず①の「民間部門の借入れ」ですが、これは名前の問題として「民間投資支出」と呼ばれます。それは企業が生産活動のために機械設備や工場、建物などを取得（設備投資）したり、民間の主体が住宅やアパート、マンションを取得（住宅投資）したり、最後に在庫を積み増したり、捌いたり（在庫投資）することが含まれます。これらは基本的には所得からではなく、借入れやさまざまな形での資金調達をすることでなされる支出なのです。というわけで①は民間の主体がそれらの投資支出をするために借り入れた金額ということになります。

## ①民間部門の借入れ＝民間投資支出

次に②の「政府部門の借入れ」ですが、これは文字通り政府による借入れです。政府はどんな時にお金を借りるのでしょうか？　答えはわれわれとまったく一緒です。「入ってくる以上に使ってしまった時」がその答えですね。政府部門にとって入ってくるお金とは、さまざまな税と年金や保険などの社会保険料（移転といいます）などです。これに対して政府の使うお金は、さまざまな行政サービスを提供するための費用や公共事業などを行なうための支出であり、これらをまとめて「政府支出」といいます。つまり、政府がお金を借りるのは、政府支出が税・移転より大きい時、すなわち政府支出−税・移転がプラスの値になった時です。かくして、

## ②政府部門の借入れ＝政府支出−税・移転

と書き換えることができます。

さて最後に③の「海外部門の借入れ」ですが、これは少し難しいです。日本以外の国をまとめて「海外部門」と呼ぶことにしたわけですが、それが日本に「借りる」とはどういうことでしょうか？　実は答えを先に言いますと、これは「輸出−輸入」に相当するのです。それを説明しましょう。

日本が海外に財・サービスを輸出すれば、対価として外貨（これは日本から見ると資産です）を受け取ることになります。ちなみに代金を円で支払われても同じことです。海外の人々は支払いのための円を手に入れなければなりませんから、やはり交換物としてわれわれに外貨

を渡さねばなりません。つまり、日本は輸出した分だけ外貨という資産を手に入れるわけです。逆に日本が輸入をすると、その外貨で支払わなければなりません。つまり輸入した分だけ、外貨という資産を減らすことになります。

さて、今、仮に輸出の方が輸入より大きかったとしましょう。ということは、手に入れた外貨の方が、支払いのために失った外貨より多かったことになりますね。つまり、「輸出－輸入」がプラスの値であれば、日本はその分だけ差し引きで外貨資産を純増させたことになります。そう、「輸出－輸入」は、それがプラスであれば、日本の海外に対する資産の純増加分を表すわけです。ということは、反対側（海外部門の側）から見れば、海外部門は日本に対して同じ額だけの負債、すなわち借りを増やしたことになるわけです。というわけで、

**③海外部門の借入れ＝日本の海外に対する資産の純増加分＝輸出－輸入**

になるのです。一番下の式はもちろん、日本からの輸出であり、日本への輸入です。

さて、以上のことを反映させて、（4）式をもう一度書き直すと完成です。

**民間貯蓄＝民間投資支出＋（政府支出－税・移転）＋（輸出－輸入）…（5）**

①　②　③

この（5）式こそ筆者が「貯蓄と投資の恒等式」と呼ぶものです。正確には「貯蓄と投資に関する恒等式」と呼ぶべきなのかもしれませんが、長くかつ堅くなるので、「貯蓄と投資の恒等式」と呼び続けることにします。あ、それでもまだ堅いですか？

もう一度おさらいをしますと、左辺は貸されたお金の総額です。右辺は借りたお金の総額で、①は民間部門が、②は政府部門が、そして③は海外部門がそれぞれお金を借りています。ただし、②と③は、引き算の形になっていますから、プラスにもマイナスにもなることがあります。今、「お金を借りている」といったのは、この引き算の結果がプラスになる場合の話です。②の引き算の結果がマイナスになれば、政府は税収の方が多かったことになりますから、財政は黒字になります。また、③の引き算（輸出－輸入）の結果がマイナスになれば、それは日本から見て海外から買う方（輸入）が多かったわけですから、今度はそれだけ海外に借りができることになり、お金を借りているのは日本の側になります。

いずれにしても全体のつじつまが合っていればいいわけで、それがこの恒等式が成り立つということです。個々の項目の中にはマイナスになるものもありますが、この式自体は成り立たねばなりません。だからこそ、この式は経済を全体として「縛って」いるのです。

※引用：ウンベルト・エーコ『薔薇の名前』河島英昭訳、東京創元社より（＊原文では「狂人」ではなく「気違い」と表記されている）

## 2

# 貿易摩擦の誤解

「人間の社会は二重の観点から見ることができる――すなわち全人類を眼中におく世界主義的観点のもとでと特別な国民的利益や国民的状態を顧慮する政治的観点のもとでとである――」

フリードリッヒ・リスト『経済学の国民的体系』

ドイツの経済学者フリードリッヒ・リスト（1789～1846）は、後者の観点に基づく経済学を「政治経済学」と呼びました。彼にとってアダム・スミスに代表されるようなイギリスの古典派経済学は、「世界主義経済学」に他ならなかったのです。

イギリスの自由貿易論に対して、後発国ドイツにとっては、リストのような観点は疑いもなく重要であったと思います。もちろん、現代においてもその重要性は色あせていません。

と同時に、この章で筆者は、現代において同じことを他の多くの国が考えたらどうなるか、という観点が再び重要になると考えているのです。いわば、世界主義経済学（森）と政治経済学（木）を行ったり来たり……、というわけです。

## 日米経済摩擦での「輸出－輸入」をめぐるアメリカの言い分

1950年代後半には日本からアメリカへの繊維製品の輸出をめぐって、そしてその次（1968〜1972年）にはさらに鉄鋼の輸出をめぐって、日米貿易摩擦が生じました。しかし、さらにその後（1980年代）になると日本のアメリカに対する貿易黒字そのものをめぐって摩擦が展開されました。筆者は当時の中曽根康弘首相がテレビに出演して、日本国民にアメリカ製品の購入を訴えていた光景を思い出します。「ジャパン・バッシング（Japan bashing)」などという言葉も使われました。それはもはや「貿易摩擦」というよりは「経済摩擦」というべき様相を呈するようになったのです。

そういった摩擦の背景にあったロジック（と言っていいのかわかりませんが）あるいは雰囲気は、（5）式における③（輸出－輸入）をめぐってのものでした。日本は1960年代半ばごろから、この部分がプラスになりそれが定着しました。逆にアメリカは、1970年ごろからこの部分がマイナスになり、やはりそれが定着しました。つまり、今日に至るまでずっとそうなのです。もちろん、日本はアメリカとだけ貿易しているわけではありませんから、③の部分が表しているのはあくまで「海外部門」との取引です。そしてそれはアメリカの場合も同じです。ただ、仮に国別に見た場合でも、やはり１９６０年代後半からは日本はアメリカに対して黒字であり、アメリカは日本に対して赤字という状態であったことは事実です。

アメリカ側の言い分はこうです。日本はフェアではない。外国に輸出ばかりしているくせに外国の製品は買おうとしない（輸入しない）。だから③の部分がプラスになるんだ（アメリカに対しても）。おまけに日本の流通システムには「ケイレツ（系列）取引」などという欧米人には理解できない不思議な慣行が支配しているので、お店の棚には日本製品だけが並ぶようになる巧妙な仕掛けがあって、外国製品は店頭に並ばない。これに対してアメリカはフェアな国だから、日本の自動車や半導体をどんどん輸入している。それなのに日本がアメリカの製品を買わないおかげで、アメリカの輸出は伸びることができない。結果としてアメリカの③は（全世界に対して？）マイナスになるのだ。その後「keiretsu」は英語の辞書にも載っている言葉となりました。とはいえ、外国人にとって「sushi」や「kimono」ほど良い響きではないようです。

## 森を見ると何が見えるか――恒等式で見える真実

それはともかく、ここで重要なことは、これまで述べてきた理屈や屁理屈（?）はすべて（5）式の③にかかわる話です。③の部分しか見ていません。まるで③がプラスになるか、マイナスになるかがそこだけで決まるかのようです。これがこの章のサブタイトルである「木を見て森を見ない議論」なのです。③の符号は（5）式全体の中で決まってくる話であり、③「輸出－輸入」の単独で決まるわけではありません。③は一本の〝木〟であり、（5）式が〝森〟です。後者は繰り返し述べてきた、経済を全体として縛っている関係式なのです。そこであらためて（5）式に基づいて森の眺めを俯瞰してみましょう。

**民間貯蓄＝民間投資支出＋（政府支出－税・移転）＋（輸出－輸入）…（5）**
　　　　　　　　①　　　　　　　②　　　　　　③

まずは左辺の「民間貯蓄」ですが、日本の場合、これを生み出している「貯蓄率」がきわめて高いことがその特徴でした。測り方にもよりますが、１９６０年代半ばから１９８０年代半ばにかけて15～20％の間という高さでした。要するに左辺がそもそも大きいわけです。

貯蓄率の高さを説明する要因というのは、これは経済学だけの問題ではないと思われます。勤勉さや国民性のようなものに加えて、少子高齢化社会を控えて将来の備えを優先する行動もその要因になります。

これに対して、右辺の①（民間投資支出）や②（財政赤字）については、日本ならではの特徴というのは特にないと思います。景気が良ければ①が活発になって税収が増えることから、②は小さくなる傾向があります。不景気の時は逆ですね。①が小さくなって、税収が落ち込む上に失業手当などの社会保障支出が増えますから②は大きくなるでしょう。

いずれにしても日本の場合、左辺の民間貯蓄が大きく、右辺の①と②を足してもそれには及びません。したがって、（5）式が成り立つためには③もプラスにならなければならないことになります。言い方を換えると、貸すためのお金（民間貯蓄）が大きいのに対し、国内での資金需要（①と②）はそれに満たないため、残りは海外に貸し出されているのです。そしてそれはまさに③がプラスになることを意味するのでした（「海外部門がお金を借りる」でしたね）。

これに対して同じ時期のアメリカの貯蓄率は、せいぜい5～10％の間です。これも国民性の問題かもしれませんし、次々と生み出される金融技術が、所得の低い人にも大きな支出を可能にしていることの結果かもしれません。いずれにしてもアメリカの場合は、（5）における左辺がそもそも小さいのです。①や②については、特に日本と変わることはありません。景気の状況にも依存するでしょう。しかし、問題は左辺が小さいために、右辺の①と②を足すと、それだけで左辺よりも大きくなってしまうということです。そう、それでも（5）式が成り立つためには、③の部分はマイナスにならなければなりませんよね。そして、まさにその通りになっているのです。

これも言い換えると、アメリカでは貯蓄率が低いため、国内には貸すためのお金がそもそも少ないわけです。しかし国内にはそれを上回るだけの資金需要（①と②）があります。足りない分は海外から借りるしかありません。それがまさに③がマイナスになるということなのです。アメリカの場合、③がマイナスになることで「海外部門にお金を借りる」ことになっているわけです。それだけのことです。

どのような場合にも赤字は悪いことで、黒字は良いことだというのは単なるイメージの問題にすぎません。そもそも、すべての国が貿易黒字になることはできません。それは競馬ですべての人が大穴を当てるとか、すべての人の身長が平均以上になる、といったことと同じで技術的に不可能なことです。すべての人が貸し手になるなら、一体誰が借りるというのでしょうか？　貿易摩擦は経済問題である以前に、ある特定の産業と政府とが肩を組んだ政治的問題であるように思えます。

その一方でかくいう日本も、いわゆるバブル崩壊以降は傾向的に貯蓄率が低下しています。実際に少子高齢化社会になればそれは自然なことです。何しろ稼ぐ人より使う人の割合の方が多いわけですからね。そして、東日本大震災の頃を境に、日本もついに③の部分がマイナスになりました。これが傾向的なものか、一時的なものかは、必ずしも断言できません。当たり前の関係式が示す通りになっているわけです。それに歩調を合わせるかのように、アメリカの矛先はその一部が日本から中国へと向けられるようになりました。やれやれですね。

※引用：フリードリッヒ・リスト『経済学の国民的体系』小林昇訳、岩波書店より

# 3
# 財政赤字の誤解

「…外国人が所有するわが国債の持分が大きいときには、かれらはある意味でわが国をかれらの属国にし、間もなくわが国民とわが国の産業活動との移転をひき起こすかもしれない」

デイヴィッド・ヒューム「国家信用について」

デイヴィッド・ヒューム（1711〜1776）はアダム・スミスと同時代人で、お友達でもありました。彼は政府が債務を抱えることには強く反対の立場をとっています。ここに挙げたのはその理由の一つですが、今日でも誰かが言い出しそうな話だと思いませんか。もしそうだとすれば、ヒュームに先見の明があったからではなく、おそらくこの問題についての考察がそれ以降ほとんど進歩していないからだと思います。とはいえ、現代の学者やメディアがこれと同じようなことを主張して、国民がそのような恐れを抱くのだとしたら、それは捨て置くことのできない、罪深い所業だと言わざるをえません。

## 「国の借金」とは何事だ！

日本の財政赤字が年々積み重なり、過去の赤字を累積した債務残高が巨額になっていることは疑いようのない事実です。あまり名誉とは言えませんが、主要国では断トツ1位です。あの（?）ギリシャでさえ及びません。とはいえ、筆者が許しがたいのはそこではありません。多くのメディアやニュースの解説者が、以上の事実をもってして、日本の「国の借金」という言い方をすることです。「日本には国の借金がこんなにあります。国民一人当りにすると○百万円です」といった調子です。ちなみに財務省のホームページにもこの言葉が使われており、ビデオまでアップされています。誰が元締めかわかるというものですね。そしてこの表現のおかげで、冒頭のヒュームのような状況を思い浮かべさせられるわけですね。

はっきり明言しましょう。政府債務残高を「国の借金」というのは明らかな誤りです。できれば直ちにやめてもらいたいですね。ここでもう一度（5）式のお世話になる必要があります。「国の借金」とは、言葉を正しく理解する限りにおいて、日本が他の外国に対して負っている借金という意味です。これは（5）式において③（輸出－輸入）の部分がマイナスになる（海外部門への借金）になることで発生し、それが年々繰り返されることで累積していくものです。細かいことを言うと、輸出入に加えて、利子や配当などを海外に支払わねばならない時にも累積します。

これは幕末から明治、あるいは戦後までのイメージですね。たしかに日本は日露戦争のころには国として大きな債務を抱え、さらに外国からいかにお金を借りるかで四苦八苦していました。しかしすでに見たように、今は違います。日本の場合③の部分は1960年代後半からずっとプラスなのです。経常収支（輸出入に加えて、利子や配当などの所得を加えたもので、いわば海外からの「稼ぎ」になります）も同じ頃から黒字基調になり、80年代以降は一貫して黒字を続けています。その結果、日本は「国の借金」どころか、海外に対しては長年貸しを積み重ねており（対外純資産といいます）、2015年末時点でなんと24年連続世界一の対外純資産を保有しています。あれも世界一、これも世界一で忙しいことです。

## 債務残高をめぐる脅し文句——もう一度森を見よう！

それでは、財政赤字や政府の債務残高とは何でしょうか。それは日本という国の中で「政府部門」が負っている債務およびその残高のことです。われわれになじみの（5）式における②（政府支出－税・移転）の部分がプラスになることで発生し、年々繰り返されることで累積していくものです。日本で積み上がっているのもこの部分に他なりません。人々は昔から政府のことを「お上」とか「お国」とかいうから……というのは言い訳にはなりません。違うものは違うのです。

その違いは日本の場合、さらに顕著です。これもすでに見たように、日本では（5）式の左辺が大きいため、①も②も③もすべてずっとプラスでしたが、それを左辺の貯蓄がすべて面倒をみてきました。つまり、日本では政府部門にお金を貸しているのは、日本の民間貯蓄、すなわち日本の国民なのです。日本国民は貸し手です。

この点、アメリカは違うことに注意しましょう。すでに見たようにアメリカは（5）式における左辺の貯蓄が小さく、①と②の面倒をみきれませんから、③がマイナスになることで海外から借りているのでした。実際、アメリカの財政赤字（②）は海外からの借入れによってまかなわれているのです。この場合、アメリカは1980年代から一貫して経常収支の赤字を続けています。この場合、文字通り「国の借金」があることになるのです（ちなみに貸しているのは中国や日本です）。ギリシャもその点は同じです。

## 将来世代の〝負担〟か？

「国の借金」という脅し文句ではあまり怯えない人たちには、次の脅し文句が用意されているようです。なるほど、お金を貸しているのは国民かもしれない。でも、それは将来返済されなければならないでしょう？　政府が債務を返済するためには税金を集めなければなりません。その税金を負担するのは、私たちの子供や孫の世代ですよ。つまり、「国の借金」は将来世代の負担になるのですよ、だそうです。なるほど、われわれの子供や孫の世代は確かに税金をとられます。政府債務を返済するためです。で、それは誰に返済するのでしょう？　まさか死んだ祖先には返済できませんから、返済を受けるのも、将来時点で国債を保有している人たちでしょうね。そう、税を負担するのも、それによって返済を受けるのも、どちらも将来世代です。まるでわれわれの子供や孫が一方的に負担を背負わされるかのようなレトリックにも、十分に注意したいですね。

## 財政赤字削減を本当に〝負担〟する人たちは？

もちろん、だからといって政府債務はいくら大きくなってもよいのだ、などと言っているのではありません。ただし、今の日本でそれが他のすべてに優先することであるかどうかは、それほど自明なことではないということです。なるほど、財政赤字を減らすために、あるいはこれ以上増やさないために増税したり、支出を削減したりする必要を説くのは結構です。で、その時それを負担する人々は誰でしょう？　それを必ず問うてください。消費税を増税することで負担を受ける人、政府がさまざまな社会保障支出を削減した時に負担を受ける人、教育支出を削減した場合に負担を受ける人、景気の低迷状態を長引かせる時に負担を受ける人……それは誰でしょう？　たしかにお金持ちはあまり困らないでしょうね。

銀行が破綻したケースでは、国民の税金が投入されました。それで赤字が膨らんだ時に、それを削減する負担をするのは低所得者だというのは筋が通りません。景気の低迷を放置する結果、学校を卒業した若者たちが、そのキャリアの一番大事な時期に失業者になること、あるいは思うような仕事を見つけられないことを想像してください。筆者はそれこそが最大の「将来世代へのツケ」だと思っています。この点に関して、ケインズの次の言葉以上のものは必要ないでしょう。

「しかし、われわれが座視している間は、失業者の利用されない労働が積もり積もって銀行預金のように後日いつでも即座に利用できるように蓄積されているわけではない。それはどんどん無駄に流れ去り、もはやそれを取り返すことはできない」

ジョン・メイナード・ケインズ「ロイド・ジョージはそれをなしうるか？」

## 〝借金〟をめぐるトランプ発言の誤解

政府債務や国の対外資産の話が出たついでに、もう一つの「誤解」についてお話しして、この章を終えたいと思います。

2016年アメリカ大統領選挙における共和党の候補者ドナルド・トランプ氏（当時。現大統領）は、その過激な公約で話題（と笑い）をさらいましたが、その中でも飛び切りおかしかったものに、「FRB（連邦準備制度理事会のことで、アメリカの中央銀行に相当するものです）に紙幣を刷らせて、日本や中国への借金を支払う」というのがありました。すでに見たように、アメリカは海外からの借入れに依存していますから、政府の債務もその少なからぬ部分は日本や中国への借金であるわけです。そしてそれは主に、日本や中国に対するアメリカの貿易赤字によって生み出されます。彼にとっては、貿易赤字を通じて発生する対外的な債務が「飲み屋のツケ」のようなイメージだったのでしょうね。とはいえ、これは過激である以上に単なる誤りであり、不可能です。もう一つの公約である「メキシコとの国境に万里の長城を築く」は、少なくとも技術的には可能かもしれません。しかし、こっちの方はどうやってもダメです。誰かそばにいる人がきちんと教えてあげるべきだったのでしょうが、誰も気づかなかったのでしょうか。

もしアメリカが、日本や中国に対してドル紙幣で債務を支払ったとします。それを受け取った日本や中国の債権者はそのドル紙幣をずっともち続けなければならないのでしょうか。ドル紙幣はもっているだけでは増えませんし、日本国内で使うこともできません。だから普通はそれを米国債や直接投資（アメリカに設立された工場など）という形で運用するでしょう。そう、そしてそれはまさに今現在すでにそうなっている状態なのです！　それだけのことです。それはFRBが新たに紙幣を刷ることとは何の関係もありません。

日本や中国の債権者にとってドル紙幣（外貨）は、その他の米国債などと同じ「ドル資産」の一つです。資産を紙幣でもつか、預金でもつか、国債でもつかは保有形態の問題であって、それによって債権や債務の額が増えたり減ったりするわけではないのです。実は今もってい る「お金」で債務を減らすことは、正確にはできないのです。借金を払うために今もっているお金を使ったのであれば、債務（借金）を減らすために資産（今もっているお金）をそれだけ減らしたにすぎないからです。純粋に「債務だけ」を減らしたいのであれば、新たにお金を稼ぐしか方法はありません。その意味でアメリカが日本に対して対外債務を返済するには、「円」を「稼がなくては」いけないのです。刷ったドルと円とを単に交換するだけではだめです。それではアメリカは円の債務を減らす代わりにドル紙幣という資産を日本の債権者に渡していることになり、差し引きで債務は減りません。通常はアメリカが日本に財貨やサービスを「売る」ことなどを通じて、「円」を「稼ぐ」ことができるわけです。資産の交換ではなく、「稼いだ円」でなければ債務を本当に返済することはできないのです。

## まさしく飲み屋のツケだ！

そう考えると、「飲み屋のツケ」というイメージも悪くはないですね。われわれがツケを払うための唯一の方法は、働いて稼ぐことです（給料日が待ち遠しい！）。ツケを「私の発行する借用証書」（こんなものが受け取ってもらえたとしての話ですが……）を発行してそれに換えたところで、事態は何も変わりませんよね。私は相変わらず負債を抱えたままです。というか、厳密に言うと、ツケそのものが一種の借用証書なのです。誰かから借金をしてツケを払っても、借りている相手が変わっただけで、やはり債務に変化はありません。貯金があればそれを取り崩してもいいですが、その場合は負債（ツケ）が減った分だけ資産（貯金）も減っていきます。差し引きで考えれば、純資産に変化はありません。おわかりですね。要するに「稼ぐ」しかないわけです。それは国と国についても同じなのです。

あるいはトランプ氏は、アメリカの政府債務それ自体が減ればよかったのかもしれません。紙幣は厳密にはFRBの債務ですから、政府の債務をアメリカ中央銀行の債務で置き換えることに意味があったのでしょうか。対外的には「アメリカの債務」であることには変わりありませんが。あるいはまたトランプ氏は、アメリカのドルがもっている「国際通貨」としての特権を思い浮かべていたのかもしれません。しかし、国際通貨としてドルがどれだけ特権をもっていても、以上の話は変わりません。むしろドルの特権とは、アメリカがこれほどの対外的な債務を積み重ねることができたことを説明しているのです。「アメリカの発行する借用証書」は世界中で受け取ってもらえたのです（筆者と違って！）。しかし、それを返す方法については、また別の話なのです。強権をもって踏み倒すのでない限りは、飲み屋のツケが気になるわれわれ庶民と変わりはありません。

※引用：デイヴィッド・ヒューム「国家信用について」『経済論集』所収、田中敏弘訳、東京大学出版会より

※引用：ジョン・メイナード・ケインズ「ロイド・ジョージはそれをなしうるか？」『説得論集』所収、宮崎義一訳、東洋経済新報社より

# 第5章のキーワード

## 木を見て森を見ない

目の前の現象だけに捉われて、それを含む全体の関係を見失うこと。とりわけ経済現象はさまざまな要因が相互に依存し合っていることから、「森」を見失わない視点が重要になる。

## 恒等式

定義や論理的必然性に基づいて、必ず成立する式のこと。変数がある特定の値をとった時だけ成立する「方程式」と区別される。いわば「当たり前」の関係ではあるが、同時にそれは逃れることのできない関係でもある。

第6章

# 合成の誤謬

個々には成り立つことが、みんなでやるとそうならない不思議

economics

# 1

## さまざまな合成の誤謬

「赤信号、みんなで渡れば怖くない」

ビートたけし

これは今では「リスキー・シフト」などという社会心理学用語にまでなっているそうですね。もちろんここで取り上げたのはそれとは少し違う意味です。赤信号を無視することは、一人ですれば確かに危険です。しかし、大勢でそれをしたら、目立つだけでなく、おそらく自動車の方が止まらざるを得なくなるのではないでしょうか。カルガモでさえ、家族でならば道路を堂々と横断できるではないですか。一人について成り立つこと（危険）が、人数が多くなると「危険×人数」にならないという現象です。

## 正しいこと×人数＝正しくない――合成の誤謬とは？

社会現象を理解するにあたって、この個々人について正しいことが、社会全体についても正しいことが、社会全体については「正しいこと×人数」にならないケース（これを「合成《ごうせい》の誤謬《ごびゅう》」といいます）を認識することは、社会を読み解く際にとても重要だと思います。というのも、われわれはしばしば社会現象を「個人の行動×人数」として理解しようとするからです。それでうまく説明できることもあれば、それでは説明できないこともあるわけです。

経済学におけるアダム・スミスをもち出すまでもなく、社会について考察した近代の多くの思想家・哲学者にとって、個人の行動と社会現象との整合性の問題は、基本中の基本ともいうべき大問題でした。この章で筆者は、「合成の誤謬」にかかわるさまざまな例を挙げようと思います。それを準備運動として、読者のみなさんも身の回りで、新聞の記事で、テレビのニュースで、同じようなものを探してみてください。そして常に「それをみんながやったらどうなるか？」という思考実験を心がけてみてください。それによってみなさんが社会を見通す眼力が、かなりシェイプアップされること疑いなしです。

「赤信号」の他にもいろいろあります。あなたが映画館で映画を観ていると、前の席には妙に背の高いアフロヘアのお兄さんがいました。これではスクリーンがよく見えません。あなたが立つことで、あなたの状況は改善されます。しかし、みんなが同じことをしたら、つまりみんなが立ったら、誰の状況も改善はされません。ここでも一人について成り立つこと（改善）が、人数が多くなると「改善×人数」にならないのです。

ちなみに、これは何も社会現象に限ったことではありません。自然現象にもあります。例えば、われわれが「水」と呼んでいるものは、一定の気圧のもとで普段は液体ですが、0度以下では固体（氷）になり、100度以上では気体になりますね。この現象を理解するのに、水をいくら「個」に分解してもダメです。水の分子は$H_2O$ですが、それは液体でも固体でも気体でも、$H_2O$は$H_2O$です。それ自体をいくら眺めていても全体の様子の変化はわかりません。$H_2O$が非常にたくさん集まった時に、何やら「$H_2O$の性質×個数」だけでは説明できない現象が起こっていることになります。

もう一つ筆者の好きな例は、経済学者の岩井克人氏によるもので、「蚊柱《かばしら》」の話です。最近は都心ではあまり見かけなくなりましたが、あまり衛生的ではない池や沼などに蚊が群生する現象です。離れて見ると柱状になっていて、おまけに柱の形を維持しながら移動するかのように見えます。まるでよっぽど訓練を受けた軍隊のようですが、1匹1匹の蚊は決して指令に基づいて規則正しく動いているわけではありません。むしろ、まったく予測のつかないランダムな動きをしています。「ランダムな動き×蚊の数」は普通どう考えても「柱」にはなりません。やはりそこでも、掛け算ではとらえられない全体的現象の理解が必要になるというわけです。

巷でよく見る「必ず儲かる投資術」「経営における成功の秘訣」のたぐいも、この観点からすると同じです。みんなが同じことをやったら、みんなが儲かるのでしょうか？　それは前にも述べた「全員が当たる宝くじ」や、「全員の身長が平均以上になる」というのと同じくらいあり得ないことです。とにかく、いろいろな例を見てみることにしましょう。

## リストラの誤謬

「リストラクチャリング」(restructuring) という言葉は、本来は組織を効率化するために、組織そのものを再構成するという意味があります。ところが今では「リストラ」といえば、労働者を解雇することとほぼ同義になっていますね。もちろん、企業において必要性の低い設備や人員が目に余る状況というのもあり得ましょう。また売上の低下から生産活動の縮小を余儀なくされるような状況に追い込まれれば、一部の設備や労働者は過剰と判断され、それを解雇するという選択もあり得ることです。

しかしここでも、それは個々の企業については成り立つことですが、多くの企業が同じ行動をとるとなると話は変わってきます。そう、「合成の誤謬」です。そのように解雇される労働者が国レベルで増加すれば、当然、彼らの所得は減少し、国レベルでの消費支出は減少するでしょう。その結果、国全体として売上が減少するということになると、はたして個々の企業はリストラをすることで、効率化や利益の回復という当初の目的を達成できたのでしょうか？　個々の企業に生産活動の縮小を余儀なくさせた当初の要因は、「合成の誤謬」を通じて一層深刻化すると考えられるのではないでしょうか。

景気が悪い時の処方箋としても「構造改革」という言葉がよく使われます。財政出動に頼る前に、あるいはバラマキではなく「構造改革」こそが成長のために必要なのだ……といった具合です。読者のみなさんは、こういう陳腐な表現を目にした時には、「構造改革」って具体的には何をするんだろう、と問いかけてみてください。少なくともそれを言っている人は具体的に何をすることを提言しているのだろう、と問いかけてみてください。おそらく答えはどこにも見つからないと思いますよ。筆者の知る限り、この「構造改革」という言葉ほど、よく使われるのにその意味がまったく説明されない言葉も珍しいのです。中身が空っぽでも、何かすごいことを言ったような体裁を与えてくれる便利な言葉なのでしょうね、きっと。

しかしその構造改革も、まるで企業のリストラの延長のように、効率を上げるために国全体で余剰人員（?）を解雇することを求めるのであれば、あるいは求めないにしても結局そこに結び付くような政策が提言されているのであれば、まさに「合成の誤謬」を無視した軽薄な主張だと言わざるを得ません。

さて、話をリストラに戻しましょう。多少技術的なお話ですが、通常の教科書に出てくる財の供給曲線というのは、グラフでは右上がりに描かれます。このことは、その財の価格が上がるほど、その財の供給量が増えることを意味します。その理由は、生産者にはある種の最適な規模というものがあって、それを超えて生産しようとすると追加的なコストが高くなるような状況が想定されているのです。イメージとしては、もっと生産するには残業手当を払わなければならないし、夜中の工事のための交通整理や近所への迷惑料、さらには高い広告料を払って急いで人を募集……などという状況ですね。つまり、供給量を増やすには、財の価格が高くならないと元が取れないというわけです。そこでは産業の生産規模を制限するのは需要要因に加えて、生産技術の制約が大きいようになっているのです。

しかし読者のみなさんの産業活動のイメージは、どのくらいがそれに当てはまるでしょうか？　これに対して規模の経済（生産規模が大きくなるほど、単位費用が割安になる）が働く場合には、技術的な最適規模というのはありません。覚えていますか？　第2章で取り上げた「外部経済」の問題ですね。「ネットワーク外部性」はこのもっとも極端なケースです。生産すればするほど有利なのです。定義によってそのような産業の生産規模はもっぱら需要側の要因、すなわち消費者の所得や好みによって制限されることになります。このことは逆に言えば、そのような産業では大量に生産して大量に販売できた時に初めて、大規模設備の固定的費用の元を取ることができるわけです。

そしてそのような産業を思い浮かべると、リストラのもたらす「合成の誤謬」はさらに深刻なものになります。何しろ、解雇によって所得を失った多くの労働者の支出の減少は、財の売上を直撃せずにはいないであろうからです。たくさん売れてナンボのものが売れなくなるのですから致命的です。だったら、そういうタイプの産業は、もう少し労働者にやさしくてもよさそうなものだとは思いませんか。あまり安い賃金でこき使わないとか、そんなに簡単にクビにはしないとか……。でも、そうはならないようですね。そこにはもう一つの逃げ道があるのです。

販路を海外に求めるというのが、現代の答えなのでしょうね。国レベルでリストラが行なわれても、海外でなら売上を確保できる可能性があります。国内で労働者をリストラして、海外市場で効率化を実現した企業のビジネス・エリートが高所得を勝ち得る、それを可能にするのがグローバリゼーションということになります。グローバルな世界では、個々の国家それ自体が一企業のような存在になってしまうわけです。残念ですが、これについて論じるのはまた別の機会とせざるを得ません。ただ、エクササイズとして、他の国のグローバル企業も同じことを考えて、世界中の企業が同じように行動したら何が起こるか、という「合成の誤謬」を考えるのはよいでしょうね。

## 関税をめぐる「合成の誤謬」は何をもたらすのか？

景気が悪くなった時に、多くの国は歴史的に実にわかりやすい反応を示してきました。それは「できるだけ輸入しない」ことです。何しろ国内に失業者があふれているような状況で、外国の製品を購入するなど言語道断だというわけです。外国製品を買う代わりに国産の製品を買えば、それだけ国内の労働者に職を与える機会が増大するであろうということです。

１９２９年10月24日（「暗黒の木曜日《ブラックサーズデー》」などと呼ばれています）、アメリカでの株の大暴落をきっかけに、いわゆる世界大恐慌が蔓延します。この時のアメリカの反応もご多分に漏れないものでした。１９２０年代にすでにフォードニー＝マッカンバー法の下で空前の水準にあった関税は、１９３０年６月のスムート＝ホーレイ法の下で50%超の平均関税率にまで約２倍に上昇させられました。これは結果として、アメリカに期待通りの効果をもたらしたのでしょうか？　もちろんそんなはずはありませんね。

自分がやることは、他の人もやるのだと思わなければ。あるいは少なくとも他の人も同じことをしたらどうなるかを考えなければなりません。当然、諸外国もこれに対して関税の引上げ、輸入割当、その他のさまざまな国境を越える商品流入への制限措置をもって対抗しました。どこの国においても「できるだけ輸入しない」政策が採用されたことになります。結果として、世界の貿易そのものが大幅に縮小してしまいました。自分が「買わない」ということは、相手も「買ってくれない」ということですからね。実勢価格で測って、アメリカの輸出は、１９２９年から１９３２年の間にほぼ半分に縮小したといわれています。不況と失業が世界レベルでさらに悪化したことは言うまでもありません。アメリカ一国についてであれば、もしかしたら正しかったかもしれない政策は、国際貿易の中では正しくないということになったわけです。

## アメリカは今も昔も同じ！

いやいや、80年も前のことだけに、昔は大変だったんだねぇ。いえいえ、とんでもない！基本は現代においても変わっていないのです。リーマン・ショックを受けての景気刺激策として２００９年2月に成立したアメリカの「復興・再投資法」には、「バイ・アメリカン条項」というものが含まれました。これは文字通り、「アメリカの製品を買え！」という条項で、アメリカ政府が公共事業などに用いる製品について、アメリカ製品を使うことを求めたものです。国際的な影響を懸念して抵抗を示したオバマ大統領でしたが、これを削除するまでには至りませんでした。特にお隣のカナダからは反発があり、後に部分的な妥協が施されるなど、1930年代の再現とまではならなかったのが何よりでした。

しかし話は終わりません。2017年1月から第45代アメリカ大統領となったドナルド・トランプ氏は、外国からの輸入品に高い関税をかけ、アメリカ企業の海外移転を牽制《けんせい》しています。「自分は史上、もっとも雇用を生み出す大統領になる」と公言しました。その主旨は「バイ・アメリカン条項」と同じ自国優先主義です。他の国が同じことをする結果、アメリカの輸出品が打撃を受けることについてはどう考えているのでしょうか。

しかし筆者が心配なのは、「合成の誤謬」だけではありません。そのような候補者が多くの支持を得て大統領になるということは、社会状況もまた80年前と同じなのだろうと想像されることです。背景にあるのは、生活の上昇を実感できない中・低所得層の不満です。それが自国優先主義を盛り上げるのです。大恐慌の次にやってきたのは、第二次世界大戦でした。

※引用：ビートたけし氏のギャグ。特別な典拠なし

# 貯蓄のパラドックス

花村「社長、僕、今32万の月給取りだけどね、ひとつだけあんたに聞きたいことがあるの」
権藤「なんだ」
花村「どうしたら、あんたみたいに金作れるのか、これ是非聞かせてほしいなぁ」
………
権藤「で、何が知りたいって?」
花村「どうしたら金貯まるかって…、でも、もういいよ」
権藤「いや、せっかくだから教えてあげるよ。金貯めようと思ったらね、花村さん……、使わないことだよ」

伊丹十三監督・映画『マルサの女』

1987年、日本のバブルが右肩上がりを始めたころの映画です。富豪の実業家で脱税容疑のかかる権藤（山崎努）と国税局査察部の統括である花村（津川雅彦）との会話です。これは貯蓄に関する究極の真理です。ただし、個々人について……ですけどね。

個人のレベルで考えれば、貯蓄を増やす方法は二つあります。一つ、所得を増やすこと、もう一つは消費を減らすことです。われわれ給与所得者にとっては、所得を増やすなどといっても、今やほとんどその余地はありません。ちなみに筆者の職業には残業手当もありません。となると、やはり基本は倹約、倹約ということになります。権藤さんの言う通りなわけですね。そしてそれは正しい。消費を減らせば、貯蓄を増やすことができます。

個人個人についてでは、それは疑いもなく正しいわけですが、例によって人々がみな同じ行動をとるとどうなるでしょうか？「倹約×人数」は、人数分の倹約をもたらすでしょうか？

人々が倹約して消費を減らせば、経済全体として消費支出が減ることになります。これは経済全体としてモノが売れなくなることを意味します。経済全体としてモノが売れなくなると、多くの企業はそれに応じて生産を縮小せざるを得なくなります。新しい設備投資はやめにして、これまで盛んに行なわれていた残業もなくなります。それどころか人手が余り始めると、新規採用が見送られ、ついには一部の従業員を解雇するという話になるでしょう。個人の側からすると、残業手当が入ってこなくなるわ、ボーナスは減るわ、いや、それどころか下手をするとリストラされて所得そのものを失うことになりかねません。

当然、せっかく倹約しているのに、所得が減少している結果、思ったほど貯蓄はたまっていないことに気づきます。うむ、これはきっとまだまだ倹約が足りないからだ、と言わんばかりにさらに気合を入れて倹約に励むとどうなるでしょうか？　経済全体では、ますますモノが売れなくなり、不況と失業は深刻化し、それに伴う所得の大幅な減少がもたらされます。その結果、極端なケースでは貯蓄はかえって減少してしまう可能性もあります。「消費を減らせば、貯蓄が増える」は、個々人については正しいにもかかわらず、経済全体については必ずしも正しくないのです。これもまさに「合成の誤謬」の例であり、マクロ経済学ではこれを「貯蓄のパラドックス」と呼んでいます。

## 蜂の寓話——浪費は悪だが必要悪？

オランダで生まれ、イギリスで医師となったバーナード・マンデヴィル（1670～1733）は、『蜂の寓話　私悪すなわち公益』（1705年）として知られる詩の中で、奢侈《しゃし》や贅沢、浪費は道徳的には悪であるが、それが社会の経済的繁栄に必要であることを強調しました。奢侈と安楽に暮らす蜂《はち》たちが、神の一撃によってそれを一掃されるや否や、蜂の社会は見るも無残に貧しく、停滞した社会になってしまうというものです。この詩をめぐっては国を挙げての大騒動となり、マンデヴィルは相当のバッシングを受けました。しかし他方で、この考え方それ自体は後代の思想家に少なからぬ影響を及ぼさずにはおりませんでした。

筆者は、マンデヴィルの書き方は多少エキセントリックに過ぎるように思います。もちろん、だからこそ人々にインパクトを与えたのでしょう。奢侈や浪費、欺瞞に関する道徳的評価というものは、その重要性は言うまでもありませんが、また別の次元のものだと思います。しかしマンデヴィルは、個々人のレベルで消費支出が減少（倹約）すれば、それは社会全体の経済活動水準を停滞させてしまうという、「合成の誤謬」を見事に描写したことによって称賛に値すると思います。

少なくともわれわれはそこから、奢侈でも贅沢でもない、単なる浪費とも違う「賢明なる支出」が何らかの形で行なわれなければ、個々人の単なる倹約は、社会全体を幸福には導かないかもしれないことを学ぶのです。そしてそれはわれわれを、おのずとケインズの経済学へと導くように思われるのです。

※引用：伊丹十三監督映画『マルサの女』より

# 2 投票のパラドックス

## 推移律とは？——じゃんけんでは成り立ちません

次に取り上げるのは多数決です。これは民主主義社会におけるもっとも一般的な社会的意思決定の方法であることから、もしそこに「合成の誤謬」が働くとするとそれは致命的に重要ですね。しかし残念ながら多数決には、まさに「合成の誤謬」が伴い得るのです。これは一般的には「投票のパラドックス」という名で知られています。ここではそれを説明しましょう。しかし投票のパラドックスについて説明するためには、まず「推移律《すいいりつ》」という概念を説明する必要があります。なぁに、名前ほど難しいものではありません。今、

A ⩔ B

という記号で、「AはBより背が高い」と読むことにしましょう。ラッパのような形をした不等号のような「⩔」は「より背が高い」という関係を表す記号とします。B⩔Cなら「B

はCより背が高い」ということになります。ちなみにこういう表現を数学では「二項関係」と言います。さて、今、

**A $\succ$ Bであり、かつB $\succ$ Cである**

とすると、つまり、AはBより背が高く、BはCより背が高いとすると、AとCについては、

**A $\succ$ C**

であると考えられます。つまり、AはCより背が高いですね。実はこれが成り立つことを「推移律が成り立つ」というのです。当たり前ですか？　そうですね、多くの数量的な比較については、これが成り立つと考えられます。ちなみに「より体重が重い」という二項関係でも、推移律が成り立ちます。しかし、推移律が成り立たないような二項関係も、われわれの日常にはあるのです。

今、じゃんけんを思い浮かべてください。今度は同じ記号を使って、

**パー $\succ$ グー**

と書いた時には、「パーはグーよりも強い」と読むことにしましょう。そうすると、グー $\succ$ チョキということになりますね。つまり、

**パー $\succ$ グーであり、かつグー $\succ$ チョキである**

ということになります。もし、この関係に推移律が成り立つのであれば、

**パー∨チョキ**

でなければなりませんが、実際はそうではありませんね。つまりじゃんけんにおける「より強い」という二項関係では、推移律が成り立たないことになります。推移率が成り立たないことのイメージとしては、関係性に首尾一貫性がなく、一番優れたものを決めることができない、という点が挙げられます。とはいえ、じゃんけんは特別なケースで、他にはそんなことは滅多にないのでしょうか？　それが結構あり得るのです。しかもそれは「合成の誤謬」の結果として生じるのです。

## 多数決の誤謬

さて、ここではプロ野球チーム（サッカーじゃなくてごめんなさい。Jリーグができたのは、筆者が大学に勤め始めたころです）の人気投票を考えてみましょう。話を簡単にするために、G（ジャイアンツ）とT（タイガース）とS（スワローズ）の3チームです。ここでは、

**G∨T**

という二項関係の記号を「ジャイアンツをタイガースよりも好む」と読みます。この「より好む」という二項関係について、3人の人（甲《こう》、乙《おつ》、丙《へい》としましょう）の好みは推移律を満たしているものとします。そして、その好みは次のようになっています。

甲　G ≻ S ≻ T
乙　S ≻ T ≻ G
丙　T ≻ G ≻ S

例えば、甲さんはジャイアンツ・ファンでGをSより好みます。また、SをTより好みます。そして彼の選好は推移律を満たしますから、このことはそのまま、彼がGをTよりも好むことを意味しています。残りの二人についても同様です。

さて、ここで三つのチームに関する人気投票を多数決で決めたいと思います。まず、GとSについてはどうでしょうか。甲さんと丙さんはどちらもG≻Sで、乙さんだけが逆です。したがって多数決で、

G ≻ S

ということになります。同じく、SとTについては、甲さんと乙さんがS≻Tで、丙さんだけが逆ですから、これも多数決で、

S ≻ T

となりますね。さて、ここでもし、多数決の結果が推移律を満たしているのであれば、以上

の二つの結果から、

$$G \succ T$$

となっているはずです。ところが、多数決の結果を見ると、$G \succ T$は甲さんだけで残りの二人は$T \succ G$となっています。したがって、多数決に基づけば、$T \succ G$でなければなりません！

これは推移律が求めるところとは矛盾します。一人ひとりの好みは推移律を満たすという設定でしたが、その人たちによって行なわれた多数決の投票結果は推移律を満たしていません。まさに「合成の誤謬」であり、これが「投票のパラドックス」と呼ばれるものです。

このことが意味するのは、多数決の結果は時に首尾一貫性をもたず、それに基づいて人気第1位のチームを決めることができないということです。あたかも、「じゃんけんで一番強いのは？」という質問がむなしいのと同じです。いつでもこうなるわけではありません。特に投票に参加する人々の好みがバラバラであるときには、これが生じやすいと考えられます。しかし、ますます価値観の多様化する民主主義社会であれば、それは決して他人事ではありません。

## それでも選挙に行こう（？）

選挙権の年齢が18歳に下がりました。いや、もちろん選挙に行くことは大事なことです。

でも、政治学者のみなさん、いや、それ以外にも選挙に行くことの重要性を説いているすべてのみなさん、筆者のような飲み込みの悪い、わからず屋を説得する言葉と論拠をどうか工夫してください。どうして選挙に行くことは、行かないよりも良いことなのでしょうか？

少なくとも筆者は、たった1票差で当落が分かれた選挙というのを寡聞にして聞いたことがありません。ということは、筆者が選挙に行かなくても、当落の結果は変わらなかったことになります。そのとき筆者の1票の意味というのは何でしょうか？　はい、さっそく怒られそうですね。大学で教育にたずさわっている者が馬鹿なことを言うものではない。社会の人々がみな同じように考えて、選挙に行かなかったらどうなるというのか？　そう、おっしゃる通りですね。でも、私自身は「社会の人々」ではありません。私がもっているのは、きっかり1票きりです。

元タレントの有名人だから、地元の政治家の跡取り息子だから、若者を取り込むために選挙キャンペーンにマドンナが来たから……といった理由で1票を投じた人は、それだけで選挙に行かなかった人よりもエラいのでしょうか？　不謹慎であることを承知の上で、でも筆者は問わずにはいられません。

一人ひとりのレベルで考えれば、実に無力であるはずのものが、選挙という場面では一つの大きな力になり得ます。ただし、その力は「合成の誤謬」の手に負えない力である可能性も否定はできないのです。

忘れがたいのは、２０１６年6月23日にイギリスでＥＵ離脱をめぐる国民投票が行なわれ、僅差で離脱が選択されたことです。何やら普通と違ったのは、勝利したはずの離脱派の人々も含め、その結果に多くの国民が当惑しているようにも見えたからです。報道のせいかもしれません。とはいえ、投票における個人行動とその結果としての社会的選択との整合性というのは、民主主義の究極問題ではないかと思います。筆者が勉強不足であることを祈ります。

でも、多数決も選挙に行くことも、それがいつなんどきであっても良いことであるというのは、決してそんなに当たり前のことではないと思うのです。疑問をもつこと自体は、決してタブーではないと思います。社会科学を研究するみなさんも、学ぶみなさんも、ぜひ、筆者のような疑問をもつ人間のために、どうか適切な言葉による説明を工夫していただけたらと思います。

# 3 ベビーシッター協同組合の悲劇

「これ……十銭の銀貨《たま》一つだね」
「それで、いんだよッ……はじめお前がそれを持ってて一杯買ったろ！……だからその十銭があたしンとこィ来ちゃって……あたしが買ったから……お前ンとこィ行って……お前が買うと……あたしンとこ……ほォら……つまりね、十銭の銀貨《たま》がね、あっちッたり……こっちッたり……売ったり……買ったりしてェるうちに、お酒は三升！　みんな飲んじゃったッて訳だ」

落語『花見酒』

この古典落語ほどマクロ経済の本質を如実に語っているお話も少ないでしょう。花見客相手にお酒を売って儲けようという二人組ですが、片方の男が、おつり用にと借りてきた十銭で、二人が担いでいるお酒を一杯買います。これにより相方に十銭の所得が生まれ、相方もそれで担いでいるお酒を一杯買います。こうしてまた、最初の男に十銭が渡り……。これを繰り返し、気づいた時には、せっかくのお酒が空になっています。

お金は持ち手を次々と変えることで、はるかに大きな金額の取引を媒介することができます。と同時に、誰かがお金を使うと、それを受け取った人に所得が生まれます。その人がそれを使うと、また誰かに所得が生まれます。それを繰り返すことで、全体としては当初の支出の何倍もの支出が可能になります。以下でするのは、そんなお話です。

## 連邦議会の「ベビーシッター協同組合」

さて舞台は、アメリカ連邦議会のベビーシッター協同組合です。これはノーベル賞経済学者のポール・クルーグマン（1953〜）が好んで取り上げる話題なので、ご存じの方も多いかと思います。そしてこの話は、アメリカの学術雑誌に掲載された実話なのです。ただし、ここでは話の意図をわかりやすくするために、少しデフォルメした形でご紹介しようと思います。

このベビーシッター協同組合には、若い夫婦が多数参加していました。共働きの若い夫婦ですから、小さな子供を抱えていることが多く、おのずとベビーシッターへのニーズというものがあります。これを協同組合としてお互いに助け合おうというわけです。ただしよくある話として、お人よしの家庭は、いつも人の子供の面倒ばかり見ていて、逆に図々しい家庭はいつも子守を人に押し付けて……などということにならないとも限りません。そこで彼ら・彼女らが工夫したのが、ベビーシッターの「クーポン券」（オリジナルの論文ではscripとなっています）を利用するというやり方でした。

このクーポン券を例えば10枚ぐらいずつ各家庭に配布します。ベビーシッターを頼みたい時には、相手にこのクーポン券を渡さねばなりません。例えば、クーポン券1枚でベビーシッター1時間分です。こうすると、誰かのベビーシッターをした分だけクーポン券を手に入れることができ、それに応じて他の人にベビーシッターを頼むことができるという意味で、実に公平なシステムとなっているわけです。いざこのシステムがスタートすると、なるほど実によく機能したわけです。

## 不況になった協同組合

ところがしばらくすると、何やらこのシステムが機能不全を起こし始めたのです。別にズルをする家庭が現れたわけではありません。例えば、筆者ならこんなことを考えてしまいます。このクーポン券をなんとか48枚貯められないものだろうか。もしそうすれば、それを使って48時間（2日間）のベビーシッターを頼むことができる。そうすれば、子供を預けて夫婦で一泊旅行ができるではないか！　そしてクーポン券を48枚貯める唯一の方法は、自分は決して外出しない（人にベビーシッターを頼まない）で、ひたすら他の家庭のベビーシッターをしまくるのです。他に方法はありません。さあ、気合を入れてベビーシッターをするぞ。みんなかかって来い！

この章のテーマから、読者のみなさんはそろそろお気づきですね。

この方法は私個人についてはまったく正しいのですが、他の家庭もみな同じようにクーポン券を貯めたいと思って、私と同じことをしたらどうなるでしょうか？　誰も外出しません。誰もが、他の人がベビーシッターを頼みに来るのをじっと待っています。しかし、誰も来ません。だってみんな外出を控えているのですから。そのせいで、せっかく外出を控えているのに、思ったようにクーポン券は貯まりません。そこで気合を入れて、もっと外出を控えてベビーシッターに備えているのですが、他の人も同じことを考えているおかげで、ますますベビーシッターの依頼はどこからも来ません。結局このシステムは、その利用者がほとんどいないような状況になってしまいました。誰も外出しないがゆえに、誰のところにもクーポン券が貯まらないのです。つまり、このベビーシッター協同組合は、「不況」になってしまったのです。

## 必要だったのは経済政策

ここまでは典型的な「合成の誤謬」の話です。しかし、この話の面白いところは、さらにその解決策にありました。議会関係だけに、最初は法律的な解決策が試みられました。「週に一度は必ずベビーシッターを頼んで、外出しなければならない」……。今、笑いましたね！本当の話です。でもこれはうまくいくはずがありません。外出を法的に強制されるなんて、考えただけでもうんざりですよね。そしてついに、これは経済問題であることが判明し、経済政策を通じて対処することになったのです。

なぁに、簡単なことです。クーポン券というのは、ただの紙切れであることを思い出してください。簡単に印刷できますから、これを刷ってあと30枚ずつ各家庭に配ったのです。何が起こったか、もうおわかりですね。すでに多少クーポン券を貯めていた家庭は、この30枚を加えて無事一泊旅行に行きました。そうすると、そのベビーシッターを引き受けた家庭に48枚のクーポン券が入ります。そしてこの家庭も旅行に行き、そしてその結果、また別の家庭にクーポン券が貯まる……。あとはその連鎖です。

ここで重要なことは、誰かがベビーシッターを頼めば、必ずそれによってその相手にクーポン券が入るということです。そして、それが次のベビーシッター依頼に結び付いていきます。これは経済における支出と所得の関係と同じです。誰かがお金を使えば、それは必ず他の誰かの売上になり、それは誰かの所得になります。その増えた所得から支出がなされれば、それがまた他の誰かの所得になるわけです。前節で述べた「貯蓄のパラドックス」のちょうど逆バージョンですね。不況というのは、誰もお金を使わないから、誰のところにも所得が入らず、その結果ますますお金を使わなくなる……という連鎖なのです。

## ケインズの乗数効果——金融緩和とヘリコプター・マネーの違い

不況の時に政府が公共事業などに支出を行なえば、そこで働いた人々やそこに財・サービスを売った人々に所得が生まれます。その増えた所得からさらに人々が支出を増やせば、さらにまたどこかに所得が生まれます。そしてまた……この連鎖によって最終的になされる支出は、当初の政府支出の何倍もの支出となり、結果として何倍もの所得が生まれることになります。ケインズはこれを「乗数効果」と呼んだのでした。「乗数」とは掛け算のことですから、「何倍もの」という意味ですね。

このベビーシッター協同組合では、クーポン券を印刷することでそれを実現したわけです。経済学者の中にはこれを金融緩和の効果として取り上げる向きがあります。このクーポン券は通貨（紙幣）と同じ機能をもっていて、まさに日銀がお札をたくさん刷ったのと同じことが生じているというわけです。この通貨の供給量を増やす政策を、通常は「金融緩和」といいます。しかし、「ちょっと待った！」と言いたいわけです。通常の金融緩和では、それが銀行の貸出が増えることを通じて、巷に出回る通貨の供給量が増えます。

これに対して、このベビーシッター協同組合のケースでは、各家庭に対してクーポン券は「与えられた」のであって、「貸し出された」わけではないということです。つまり、ここで行なわれた政策は、単なる「金融緩和」だけではなく、所得の増加を伴う「財政政策（例えば減税）」がセットになっているということです。言い換えると、この政策によって組合員全員に流通するクーポン券の量が増大するだけでなく、組合員が所有するベビーシッターへの請求権が増加しているということです。この点は専門家にも必ずしも十分に理解されているとは言いがたいので、強調するに値します。俗に、極端な金融緩和を「ヘリコプター・マネー」などといって、お金をヘリコプターでばらまくことになぞらえますが、ヘリコプターでお金をばらまくことは、経済全体に流通する通貨の量を増やすだけでなく、それを拾った人々の所得も増加させることを忘れてはなりません。

繰り返しますが、通常の金融緩和は、貸出の増加を通じて支出が増加することを意図するものです。誰かがお金を借りない限り、それは通貨量の増加になりません。お金の量が増えて（金利が下がって）「借りやすくなる」という話と、お金が降ってきてそれが「自分のものになる」というのは、天と地ほどにも違う話です。前者は単なる金融緩和ですが、後者は金融緩和と財政政策（例えば減税）がセットになったポリシー・ミックスを意味しています。

もしベビーシッター協同組合で行なわれたことが、クーポン券の貸出制度（または貸出条件の緩和制度）であったなら、それほど劇的な効果をもったでしょうか？　それはその時の条件に対する人々の反応（経済学の言葉では「弾力性」といいます）に依存するでしょう。しかし、この逸話が語っているのは、単なる金融緩和の効果ではなく、それが人々の所得増加という財政の拡張とセットになった時の「ポリシー・ミックス」の効果であることをあらためて強調したいと思います。

日本を含め、世界における昨今のマクロ経済政策に対する考え方が、金融政策に偏重しており、それに過剰に依存し過ぎていることを考えると、このことの重要性は計り知れないと思うのです。

## インフレになった協同組合

さて、話をベビーシッター協同組合に戻して、この逸話にもさらにオチがあります。再び活気を取り戻した組合の人々が考えたことは、誰もが考えそうなことです。何しろ紙っペラを刷っただけで組合が活気を取り戻したのですから、ケチなことを言わずにバンバンとクーポン券を刷れば、もっともっと活気あふれる組合になることだろう……。で、本当にそうしたんですね。クーポン券をさらに10枚、さらに20枚と刷っては各家庭に配りました。さて、今度は何が起こったでしょうか？

いくらクーポン券がたくさんあるからといって、あんまりしょっちゅうドサッとクーポン券（と子供）を置いて「行ってきま〜す」と言われてもねえ——。そりゃクーポン券は貯まるけど、働いている人々はそんなにしょっちゅう旅行に行けるわけではありません。そういうことが続くと、組合の人々はいつしかベビーシッターのためにクーポン券を受け取ることを好まなくなってきます。それでも無理をお願いするためには、クーポン券を3枚出してようやく1時間のベビーシッターがお願いできるような有様になってしまいました。このことはつまり、ベビーシッターの「値段」が高くなり、クーポン券の価値が下がってしまったわけです。組合全体にこれが広まった時、そう、この組合は今度は「インフレーション」になってしまったのです。

※引用：飯島友治編『古典落語　正蔵・三木助集』ちくま文庫所収、「花見酒」より

# 第6章のキーワード

## 合成の誤謬

個々には正しいことが、全体については正しくなくなる現象のこと。社会現象を理解しようとする時に、「個々の人間行動 × 人数」で考えると間違うことがあるので注意が必要。

## 乗数効果

マクロ経済学において、需要の増加がその何倍かの所得を生み出すという考え方。誰かの支出は、何らかの形で必ず他の誰かの所得になるという原理がその根本にある。

第 7 章

# 貨幣の不思議

だってただの紙でしょ？

economics

# 1

# 貨幣とは何ものなのか

与ひょう　「あのなあ、今度はなあ、前の二枚分も三枚分もの金で……」

つう（叫ぶ）「分らない。あんたのいうことがなんにも分らない。さっきの人たちとおんなじだわ。口の動くのが見えるだけ。声が聞こえるだけ。だけど何をいってるんだか……」

木下順二『夕鶴』

これは筆者の大好きな戯曲『夕鶴』（童話としては「鶴の恩返し」という名で知られています）の中で、与ひょうがつうに「もう一度布を織ってほしい」と無理を言うシーンでの会話です。

つうには貨幣経済にどっぷり染まっている人たちの言葉がわかりません。「お金」というものは、貨幣経済の中で生きているわれわれにはまったく当たり前のものでも、その外の世界からやって来たつうには、もしかすると言葉すら通じない概念なのかもしれませんね。つうを失った与ひょうが最後に抱きしめたのは、つうの織った布でした。つうは与ひょうのもとを去って行きましたが、ひょっとするとわれわれの方が日々、つうの生きていた世界から遠ざかっているのかもしれません。できればわれわれも心の中のつうをいつまでも失いたくないものですね。お金なんかのために。

さて、この章では貨幣についてお話しします。とはいえ、ご想像の通り、貨幣について本格的に論ずるということになれば本一冊ではとても足りますまい。ここではいくつかのトピックスを選んで、ごく概略を述べるにとどめなければなりません。そこでまずは、貨幣とは「何もの」であるかに関する議論です。何しろ今日われわれが用いている貨幣は紙でできています。いかに精巧な印刷や偽造防止の技術が施されているとはいえ、紙は紙ですよ。われわれはなぜ、額に汗して一生懸命働いた報酬として、あの紙っペラを喜んで受け取るのでしょうか? もちろんわれわれは金属でできた貨幣(硬貨)も使います。しかし、それらも金属としてはほとんど価値のないものばかりです。銅にニッケルや亜鉛を混ぜたもので、500円硬貨ですら金属素材としては5円分の価値もありません。不思議ではないですか? どうしてそんなものをわれわれは喜んで受け取るのでしょうか？

## 貨幣とgoldの〝絆〟

貨幣というのはそもそもそういうモノではないのか？　というのならそれは違います。第4章でご紹介したように、かつて貨幣は金（日本語は難しいですね。これは「かね」ではなく「きん」であってgoldの意味です。以下、goldと書きます）や銀でできていました。goldや銀は貴金属です。宝飾品としても利用されるだけでなく、歴史的にも多くの人類を〝虜《とりこ》〟にしてきました。それを人々が喜んで受け取るというのは、まだ理解できそうなものです。また貨幣がgoldや銀でできていた時代にも、紙幣というものはありました。しかし、この場合の紙幣は「兌換券《だかんけん》」と呼ばれるもので、中央銀行に持って行けば必ず一定量のgold（金貨）と換えてもらうことができました。一定量のgoldと交換可能な紙ですから、タダの紙とは違いますよ。

そう言うと、「今の1万円札だってgoldを買うことができるじゃないか」と言う人が出てきそうですね。たしかにそうです。でも1万円札はどのくらいのgoldと交換できるのでしょうか？　それはgoldの価格次第です。goldが高くなると、それだけ少ない量のgoldとしか交換できません。いつでも一定量のgoldと交換できる、という兌換券とはずいぶんと違うのですよ。

## ニクソン・ショック——goldと無縁になった貨幣

ちなみに形式的には1971年以降、われわれの使う貨幣はgoldと縁が切れたことになります。ということは、それまでは縁があったわけですね。第二次世界大戦が終わった時、世界中のgoldはその大半がアメリカに集中しており、他の国はとてもgoldで通貨を作れる状況ではありませんでした。そこで、goldとの交換を保証した通貨はアメリカのドルだけということにしたのです。1オンス（だいたい28グラムぐらいです）のgoldが35ドルと決められました。たとえ紙っペラであっても35ドルを持っていけば、1オンスのgoldと交換できたわけです。その他の国の通貨は、アメリカのドルとの交換を保証することでその価値を維持することにしました。日本はこのシステムに後から加わりましたが、1ドル＝360円でした。つまり日銀に360円を持っていけば、それは1ドルと交換してもらえます。そしてアメリカに35ドル差し出せば、1オンスのgoldと交換できます。

こうしてアメリカ以外の国の通貨は、ドルを通じて間接的にではありますが、goldとその価値が結びついていたわけです。しかし戦後、日本やヨーロッパの国々が復興と成長を遂げるにつれ、アメリカからgoldが流出し、ついに1971年8月15日、当時のアメリカ大統領であったリチャード・ニクソン（1913〜1994）はgoldとドルとの交換を一方的に停止しました。これは「ニクソン・ショック」と呼ばれています。かくして、われわれの使う通貨はもはやgoldとの結びつきを失って今日に至っているわけです。

というわけで、貨幣に関する最初のトピックスは、それがもはや素材としてはそれ自体の価値をもっていない紙っぺラや卑金属が、かつてのgoldや銀と同じように人々によって喜んで受け取られているという事実についてです。

## 交換の媒介という便利な機能

理由やその由来はともかく、人々が貨幣を喜んで受け取るのは、貨幣が価値をもっているからということになります。それは貨幣が大変に便利な性質をもっていることと深く関連しています。それは「交換の媒介」という性質です。もし貨幣というものがなければ、われわれは物々交換をしなければなりません。しかし、これは多分に手間と時間のかかるものです。

筆者は経済学の講義をするぐらいしか能がない人間ですが、その筆者がパンを手に入れたいとしたら、何をしなければならないでしょうか？　まず、パンをもっている人を探さなければなりません。しかし、それだけではだめです。物々交換が成立するためには、そのパンをもっている人の中から、さらに経済学の講義を聞きたがっている人を探さねばなりません。そうして初めて、筆者はパンと経済学の講義を交換することができるのです。これはほとんど絶望的ですね！　他にも、衣服をもっていて経済学の講義を聞きたがっている人、靴をもっていて経済学の講義を聞きたがっている人……を探さねばなりません。

このように物々交換が成立するためには、自分の欲しいものをもっていると同時に、自分のものをもっているものを欲しがっている人を探さねばならないわけです。これを「欲求の二重一致」などと言います。交換の媒介としての貨幣は、それをなしで済ませてくれるわけです。

一見遠回りのようですが、筆者は経済学の講義をまず貨幣に換えます。この貨幣を持ってパンを買いに行けば、それを受け取ることを拒む人はいないのです（経済学の講義とは大違いです!!）。こうして筆者は貨幣を持って、パンや衣服や靴を手に入れることができるおかげで、無事今日に至っているわけです。

ここまでのところは、それほど意見の違いはないと思います。論争があるのは、その貨幣の通用性（誰もがそれを受け取ることを拒まないという性質で、「一般受領性」とも言います）が何に由来するかです。貨幣が「交換の媒介」という機能を果たすことは疑いのない事実ですが、そのことは貨幣の「起源」がそこにあるということを必ずしも意味しません。人間の鼻はメガネを載せるのに実に好都合ですが、だからといって人類の鼻の形状がメガネを載せるために進化してきたと考えることはできませんね。

※引用：木下順二「夕鶴」『夕鶴・彦一ばなし』所収、岩波文庫より

# 2 貨幣をめぐる学説

「もし、牛が男奴隷あるいは女奴隷を突いた場合は、銀三十シェケルをその主人に支払い、その牛は石で打ち殺されねばならない」

『出エジプト記』第21章32節

これは旧約聖書の『出エジプト記』で神がモーゼに告げた法の一つです。さまざまなことについて事細かくルールが示されています。興味深いのは、その事細かいルールには「賠償金」に関する記述もいろいろと述べられており、一般的には交換の媒体と理解されている貨幣ですが、「賠償金」としての役割というのがその初期から重要であったと思われることです。

「金は驚くべき稀少な財貨であり、そして常にそうであった。現代の一隻の定期船ならば、ただ一度の航海で、７００年のあいだ採取されあるいは発掘されてきたすべての金を、大西洋を越えて運ぶことができるだろう」

ジョン・メイナード・ケインズ『貨幣論』

そう、そしてわれわれ人類はその一部を、アメリカはニューヨーク連邦準備銀行の地下貯蔵庫（ケンタッキー州の「フォート・ノックス」という施設です）に再び埋め直しているわけです。

## 貨幣の価値に関する「金属学説」と「表券学説」

さて、貨幣が通用性をもつのはそれが価値をもっているからに他なりません。問題はその価値は何に由来するか、ということです。主に二つの「学説」が対立しています。一つは金属学説（metallism）と呼ばれるものです。これは貨幣の価値の源泉は、その貨幣としての役割とは無関係にその商品がもつ価値であるとする理論です。もちろん歴史的には、その商品とはgold・銀であったわけですから、まさに貨幣の価値はgoldの価値であり、銀の価値であるというものです。

そしてこの考え方は、必然的に、貨幣というものが人々の自発的な交換の中から生まれてきたという考え方と結びつきます。すでに述べたように、物々交換は不便です。その不便を解消するために、何らかの商品が交換の媒介として選ばれたのです。その商品は、それを受け取ることを誰もが拒まないようなものであり、牛だったり、タバコだったりした時期もありましたが、歴史的にはgold・銀に落ち着いたというわけです。ちなみに、古くは哲学者・思想家のアリストテレス（紀元前384〜同322）やジョン・ロック（1632〜1704）もこのグループに属します。また、その歴史的由来とは別に、そもそも健全な貨幣というのはそういう特定の金属の価値と結びついている「べき」であるという、政策的な立場を主張する人たちも現れました。

この学派の主張は、物語としては実にわかりやすいのですが、残念ながらこれでは今日われわれが使っている「紙っペラ」の貨幣を説明することが難しくなります。ちなみにわれわれが使っている紙幣は、すでに述べたように、それが一定量のgoldとの交換を保証していないという意味で「不換紙幣」と呼ばれます。そしてわれわれが使う1万円札の価値は、その素材としての紙の価値ではまったくありません。

さらにもう一つの問題は、人類学や歴史学を通して人類の活動を振り返ってみると、貨幣は必ずしも物々交換の不便を解消する形で利用されていたのではなさそうなのです。たしかに単にgoldや銀であるというだけでは、物々交換の不便を解消できたのか疑わしいものです。すでに第4章で検討した通り、そこには「情報の非対称性」がついてまわりますからね。時代劇のようにかっこよくコインをかじるだけでは真贋の見極めはできません。これは本当の銀なのかい？ 不純物は？ こいつあやしいなぁ。色がなんか変な気もするが……、さて重さを量ることにしようか……おい、インチキはするなよ！ 取引の度にこのありさまでは、大規模な取引ならともかく、少なくとも日常のこまごまとしたものが、このように取引されていたとは考えにくいのではないでしょうか。

というわけで、金属学説にはその対抗馬として、表券《ひょうけん》学説（chartalism）と呼ばれるものが存在します。これは貨幣の価値の由来をその商品としての素材にではなく、何らかの権威によって付与された信用力、強制力に求めるものです。その権威の最たるものが国家です。貨幣は国家の権威によって信用力、通用力を与えられたもの、その証《あかし》が記されたものということになり、これを特に「貨幣国定説」といいます。表券学説の英語表現であるchartalismという言葉は、貨幣国定説を提唱したドイツの経済学者ゲオルク・クナップ（1842～1926）が考案したもののようですが、語源はラテン語のchartaで、券とかチケットを表すもの——要するに「チャート（表）」や「カード（券）」ですね。

たしかにこれならば、われわれの使っている紙っぺラの貨幣を説明できます。実際、紙っぺラの貨幣（正しくは「日本銀行券」です）は、法貨として無制限に通用することが、日本銀行法で定められています。そして歴史的にも、単なる金属の塊《かたまり》ではなく、いわゆる鋳造貨幣（国家などの権威による刻印をもつもの）が、「情報の非対称性」の解消、そしてその結果としての商業の拡大に大いに役立ったであろうことが想像できるのです。人類と貨幣のもっとも初期の頃のお付き合いに関しては、人類学や歴史学の大変興味深いテーマとして、筆者も今なお勉強中です。

## ヤップ島の石貨

ミクロネシア連邦の西端にあるヤップ島では、石でできた貨幣が用いられていることで有名です。円形で真ん中に穴が開いているもので、大きさはさまざまですが、もっとも大きいものは直径4メートルにもなるといわれています。石灰岩でできているのですが、ヤップ島では採れないので、遠く500キロメートルも離れたパラオから運んでくるのだそうです。ヤップ島には数千の石貨があり、個人所有のものもあれば、村で所有されているものもあります。あまり持ち運ぶことはないようで、所有者が変わっても同じ場所に置かれたままになっていることが多いようです。極端なケースでは、運んでくる途中で嵐に遭い、海中に沈んだままになっている誰も見たことのない石貨にもちゃんと所有権が認められているということです。

ヤップ島（ミクロネシア連邦）は19世紀末にスペインの統治下になり、その後ドイツ、そして1914年から30年にわたって日本の統治下にありました。その後、アメリカの統治になり、1986年に独立しました。統治国家が変わる度にペセタ、マルク、円、ドルが流通し、現在でも一般的な通貨はドルになっています。しかし、石貨はそれ以前の昔からあり、今もあり続けているわけです。この石貨が物々交換の不便を解消するために選ばれた商品などではないことは明白ですね。

実際、先ほどの旧約聖書の記述と同様、ここでも石貨の用途の一つは賠償金です。人の命を奪ったことに対する償いは石貨を渡すことでしか果たされないというわけです。つまり石貨は「モノを買う」ための貨幣ではなく、自分が手に入れたいものに対して、その相手に誠意と敬意を表明する手段になっているようなのです。貨幣というものの歴史的起源を考える時に、大変に興味深い事例だと思います。

この石貨に関して面白いエピソードがあります。1898年にスペインから領有権を引き継いだドイツ政府は、島の道の修繕を通達したにもかかわらず、一部の島民は非協力的でした。そこで「罰金」として非協力的な地域の石貨に黒いペンキで×印を付け、それを政府所有としたのです。これがなんと効果てきめんで、島民は慌てて修繕に取りかかったといいます。そこで政府の役人は石貨に書かれた×印を消して回ったのですが、「罰金」が戻ってきたことを知った島民は大喜びだったそうです。「いかにも未開の民の非合理的な行動だ」と思った人はいますか？　経済学者のミルトン・フリードマンはそんなみなさんを次のように揶揄《やゆ》していますよ。

１９３１年から１９３３年にかけて、フランスの中央銀行はアメリカに保有しているドル資産と金（gold）との交換をニューヨークの連邦準備銀行にもちかけました。これは実際には、先ほど出てきた連邦準備銀行の金貯蔵庫にある金塊を別な棚に移して「フランス所有」というラベルを貼り付けるだけの作業です。しかしこれは「アメリカから金の流出！」「金、減少！」というニュースとなって世界を駆けめぐり、ドル安・フラン高をもたらし、１９３３年の金融恐慌の要因の一つとなったといわれています。「ヤップの島民たちとどこか違うんだ？」というわけです。

なるほど、特定の金属や紙っペラを後生大事に崇《あが》め奉《たてまつ》るわれわれは、それが石に変わったからといって彼らを野蛮人扱いする資格はどこにもないようです。

## 貨幣の価値決定は物価の裏返し

さて、これまでの記述から二つの学説間では表券主義の方が有利に思えるかもしれません。ある程度まではそうだと思うのですが、話はそれだけでは終わらないのです。貨幣の価値が何に由来するかという問題は、当然その価値がどのように決まるかを伴っているわけです。この点、表券主義は貨幣の価値が国家等の権威に「由来する」という点において正しいとしても、それは国家が貨幣の価値を「決定できる」ことを意味しません。それは事実の問題としてもそうです。国家はその権威によって貨幣を通用させることはできても、その価値を裁量に基づいて決めることができるわけではないのです。

なぜそこにこだわるのでしょうか？　実は貨幣の価値の決定というのは、経済学のテーマとしてとても重要なものだからです。1万円札の価値とは、1万円札で買えるものの価値に他なりません。もうおわかりですね。貨幣の価値とは「物価」の裏返しです。貨幣の価値の決定問題とは、物価の決定問題に他ならないのです。金属学説であれば、goldの価値を通じて物価の決定を論ずることになります。それが今日、正しいわけではありませんが、表券主義といえどもこの点に関しては完璧ではありません。

ましてや、貨幣発行をめぐる政策論議となると、物価の安定のためには、貨幣はgoldの価値と緊密に結びついているべきであり、これに対して紙のお金の乱発は邪悪で不健全であるという考え方は、圧倒的な勢力をもって経済学を支配し続けてきたのです。この問題に関する限り一冊の本ではとても足りないというのは、まさにそういった政策論議への広がりがその後も、そしてある意味では今日に至るまで続いているためでもあります。残念ながらそれはまた別の機会に譲らねばなりません。

## ヴェールとしての貨幣――その狂信が経済学を役立たずにしている

しかし、そうはいっても一つだけ指摘しておきたいことがあります。それはある特定の考え方が支配的であったことの結果が、現在の経済学に少なからぬ影響を与えているからです。貨幣が物々交換の不便を解消するために選ばれた一つの商品であるという考え方は、経済学における価格の分析を、結果として貨幣から切り離す習慣を生みました。現代のミクロ経済学も基本的にはその影響下にあります。

「需要と供給が価格を決定する」とはいうものの、実はそこで決められる「価格」というのは財と財の交換比率です。リンゴ1個はミカン2個分、ミカン1個はピーナッツ10個分……といった具合です。そうすると、ある財を選んですべての交換比率をその財で表示することが便利になります。これを「価値尺度財」といいます。先の例で、ピーナッツを価値尺度財とすれば、ミカン1個はピーナッツ10個、リンゴ1個はピーナッツ20個……といった具合に、すべての交換比率がピーナッツによって表現できます。そして最後の最後に、ピーナッツと貨幣の交換比率が決まれば、つまりピーナッツ1個＝2円銀貨ということになれば、芋づる式にすべての財の貨幣価格が決まることになるのです。

しかしこの考え方では、重要なのは財と財の交換比率を決めるメカニズムであり、貨幣はそれらに対して名目上の表現を与えるに過ぎないものになります。貨幣は経済全体を覆っているヴェールのようなもので、経済の本質的なメカニズムを理解しようと思ったらそれを取り去らねばならないと考えられているのです。そしてそれはさらに、貨幣の量は名目上の物価を決めるのみであり、経済活動の本質的な部分には影響を与えないという考え方につながっています。第3章でご紹介した「貨幣数量説」の考え方も、これと同じ線に沿っていることを思い出していただけるでしょうか。

筆者は、この考え方は間違っていると思います。おかげで経済学は貨幣が経済活動に及ぼす影響について深く追究することを、長い間（ある意味では現代まで）サボり続けてきたことになります。あるいはケインズをはじめ、それらを必死に彫琢《ちょうたく》してきた貴重な遺産を故意に無視してきました。

すべてとは言いませんが、経済学の少なからぬ部分が〝役立たず〟であることの大きな理由はここにあります。貴重な遺産を振り返りながら、貨幣経済の分析を虚心坦懐に続けていかない限り、経済学は救われないだろうと思うのです。

※引用：日本聖書協会『聖書』新共同訳より

※引用：ジョン・メイナード・ケインズ『貨幣論Ⅰ』小泉明、長澤惟恭訳、東洋経済新報社より

# 3 最適通貨圏の理論

「したがって、人びとが計算貨幣を採用した瞬間から、貨幣の時代が物々交換の時代の後を引き継ぐに至ったのである。そして表券主義的貨幣すなわち国家貨幣の時代は、国家が、一般に行われている計算貨幣に対して、いかなるものを貨幣としてこれに照応させるかを布告する権利を要求したときに――国家が辞典の使用を強制するだけでなく、辞典を作る権利をも要求したときに――達せられた。今日すべての文明社会の貨幣は、議論の余地なく表券主義的である」

ジョン・メイナード・ケインズ『貨幣論』

ケインズが引用文で「計算貨幣」と呼んでいるのは、それによって価格を表示する単位のことです。ケインズにとっては、あるものがその表示機能を果たすということが、貨幣としてもっとも本質的な役割なのです。そこで、この章の最後にあらためて「国家と貨幣」の深い関係を考えてみましょう。

多くのケースでは、一つの国が一つの通貨を使うというのが一般的ですが、これには例外も多くあります。香港は現在中国の一部ですが、人民元とは異なる「香港ドル」を使っています。またヨーロッパでは、本書執筆時点でEU加盟国のうち19か国が「ユーロ」という共通の通貨を使っています。また、モナコ公国のようにEUには加盟していなくても、ユーロを使っている国もあります。今ではずいぶんと声が小さくなってしまったようですが「東アジア諸国もユーロを見習って統一通貨を導入すべきだ」などと主張している学者は当時（ユーロの紙幣や硬貨が流通を始めた2002年頃です）たくさんいました。

本当のところは何が一番良いのでしょうか？　つまり、一つの通貨を使うことが望ましい範囲というのは何で決まるのでしょうか？　この問題提起こそが「最適通貨圏の理論」と呼ばれる研究なのです。最適通貨圏が一つの国より広いのであれば、お隣の国と同じ通貨を使うべきだし、一つの国より狭いのであれば、国の一部は別の通貨を使うべきだということになります。

そこで問題となるのが「望ましい」という判断の基準です。これは一つではありません。例えば、この章でこれまで述べてきた内容の延長としては「便利さ」というのも一つの基準です。いや、貨幣というものの本質を考えれば、とても重要な基準というべきでしょう。この「便利さ」という基準に照らせば、最適通貨圏は「世界」であるということに反対する人はいないのではないでしょうか。世界が一つの通貨であれば、どこの国に行っても手数料を払って両替する必要もありません。お土産を買う度に電卓をたたく必要もなければ、3か月後の為替レートを予想する必要もありません。いや、そもそも「円高だ」「円安だ」と一喜一憂する必要もなくなるのです。

実は世界中にたくさんの通貨があることで、われわれは再び貨幣のない物々交換の世界に逆戻りしてしまうのです。円をもっている日本人がそれをタイの通貨バーツと交換したいと望んでいるとき、その日本人はバーツをもっている人を探すだけではだめですね。バーツをもっていて、なおかつ円を欲しがっている人を見つけなければ交換が成立しません。どこかで聞いたことのある話ですよね。そう、「欲求の二重一致」の再登場です。本来それを解消する役割を果たしているはずの貨幣が、世界の舞台で複数の通貨に出会うと、再び「欲求の二重一致」を必要とする世界に引き戻されてしまうのです。そこでは、通貨の中の通貨、つまり世界共通の「唯一の通貨」こそがその問題を解消できるのです。

では、世界はなぜ一つの通貨にならないのでしょうか？　一体どのような組織が「世界の中央銀行」として「世界通貨」を年々どれだけ発行するかという、気が遠くなるほど難しい問題は別として、他にも考慮すべき問題があります。

それは「望ましい」のもう一つの基準であり、景気対策としての金融政策の有効性と関係があります。こちらは「便利さ」ほど直観的にわかりやすくはないので、多少スペースを割いて説明する必要があります。

## 異なるショックに襲われた二つの国

左図を見てください。今、A国とB国という二つの国があるとします。A国とB国は、何らかの要因（ショック）によって、それぞれ正反対の景気状況におかれています。A国は景気が悪化しており、高い失業率が問題になっています。逆にB国では景気は過熱しています。人々の過剰な支出に生産が追い付けず、物価の上昇（インフレ）が問題になっています。この時、もしA国とB国がそれぞれ別々の自国通貨をもっていて、それらがいわゆる変動相場制（為替レートがその時々の外貨への需給によって自由に変動するシステムのことです）である場合、A国とB国は金融政策を通じてそれぞれの問題に対処することができます。

例えばA国では、いわゆる「金融緩和」が行なわれます。これはA国の通貨供給量を増や

◆異なるショックに襲われた二つの国

| A国 | B国 |
|---|---|
| 失業 | インフレ |
| 〈金融緩和〉 | 〈金融引締〉 |
| 金利低下 ⇒ 投資↑ | 金利上昇 ⇒ 投資↓ |
| 通貨安　⇒ 輸出↑ | 通貨高　⇒ 輸入↑ |

すことで、A国内で金利を下げてお金を借りやすくする政策です。通貨を増やすと、とりわけ金融機関はそれを通貨のままでもっていても商売になりませんから、貸し出そうとするわけですね。そういう金融機関が増えると、お金を借りてもらうためには金利を下げなければならなくなるのです。結果として、お金を借りての支出、例えば、住宅を購入したり、企業が設備や建物に投資したり、といった支出が増加し、生産増加への刺激が生まれ、失業問題の解消に向かうと考えられるのです。

しかも、ここで期待できるのはそれだけではありません。A国の金利が下がったということは、お金をいろいろな通貨で運用している人たちからすると、A国の通貨は魅力が下がったことになります。どうせ運用するなら、金利の高い通貨の方がいいですよね。というわけで、外国為替市場ではA国の通貨は売られて、B国の通貨の方が相対的に人気が高まることになります。このことは、A国の通貨が安くなり、B国の通貨が高くなることを意味します。いつの世でも、みんなが買いたがるものは高くなり、みんなが売りたがるものは安くなるのです。A国の通貨が安くなるわけですから、これは日本でいえば円安になるのと同じで、A国からの輸出増大が期待できます。これもまたA国の生産活動を刺激することになり、失業の解消に役立ちます。このように、A国における金融緩和は、いわばダブル効果で失業解消に効果をもつことになるのです。

同じことはB国にも当てはまります。B国の場合は経済が過熱しているわけですから、むしろ支出を抑制することが重要になります。その場合は、逆に金融を引き締めることで、つまり自国の通貨供給量を減少させることで、金利を上昇させます。これがお金を借りて支出しようとする誘因を抑える効果をもちます。それだけでなく、B国の金利が上昇することは、A国の場合と逆に、B国の通貨を高くします。金利が高いことは、通貨として魅力的ですからね。日本でいえば、円高になるのと同じです。このことはB国にとって海外からの輸入（海外旅行も含めて）が安くなることを意味します。インフレで悩んでいるB国にとっては、やはりダブル効果ですね。

このようにそれぞれの国が独自の通貨をもっている場合、その国を襲うショックに対して金融政策を用いてこれに対処することが容易になります。景気対策というものを重要な要因と考える立場からすると、この魅力は無視し得ないものとなります。そして以下で見るように、お隣の国と同じ通貨を使うということは、実はこのメリットを放棄しなければならないことを意味しているのです。

## 一つの通貨には一つの金融政策しか実施できない

左の図を見てください。A国とB国があり、それぞれ異なるショックに襲われているところまではさっきと一緒です。ただし今度は、A国とB国は同じ通貨を使っています。つまり、中央銀行は一つです。この時、実行できる金融政策も一つになります。金融を緩和するか、引き締めるか、のどちらかです。片方の国だけ緩和するなどということはできません。それは今の日本で、「東京だけ金融引締をする」というのと同じです。東京の企業は他の県の銀行や人からお金を借りることができますから、そんなことをしても意味はありません。

| | A国 | B国 |
|---|---|---|
| | 失業 | インフレ |
| 〈金融緩和〉 | × | ○ |
| 〈金融引締〉 | ○ | × |

さて、そうなるとどちらを選びましょうか？　金融を緩和すれば、先ほど述べた理由でA国にとっては失業解消に役立ちますが、B国では支出や輸出がかえって増加する結果、インフレが一層悪化してしまいます。逆に金融を引き締めれば、B国にとっては支出の抑制に役立ちますが、A国ではさらにモノが売れなくなり、失業が一層悪化することになります。

おわかりですね。お隣の国と同じ通貨を使うことの問題点は、個々の景気状況に対して、独自の金融政策を行なうことができなくなってしまうことにあるのです。ユーロ共通通貨圏内にあるギリシャは、ギリシャのためだけに金融の緩和をすることはできません。現在ＥＵでユーロを導入している国は19か国ありますが、上述の意味での金融政策は一つしかないのです。

個々の景気状況に応じて独自の金融政策を行なうことを「望ましさ」のもう一つの基準と考えますと、今度はこの基準によればできるだけ別々の通貨を使う方が望ましいことにならないでしょうか。カリフォルニア州とケンタッキー州は、別の通貨を使った方がいいのでしょうか？　北海道と本州は別の通貨を使った方がいいのではないでしょうか？　いやいや、三鷹市と国分寺市は別々の通貨を使った方がいいのでしょうか？

## 最適通貨圏は「国」か？

思い出してください。「望ましさ」の基準には二つありました。「便利さ」という基準で考えると、世界が一つの通貨になるのが望ましい。もう一つの「景気対策」という基準で考えると、逆に細かく区切るほど望ましいことになります。答えはその間にあるのでしょう。多く場合、一つの国が一つの通貨を使うのが一般的でありますが、そうとは限らないかもしれないわけですね。

この問題に一つの画期的視点を提供したのが、ロバート・マンデル（1932〜）でした。彼は次のように考えました。前図で、もしA国とB国の間に、金融政策に頼らなくてもこの状況を解消できるようなメカニズムが期待できるとしたらどうでしょう? 金融政策が要らないのですから、そちらの「望ましさ」の心配はいりません。安心して「便利さ」を優先すればよいことになります。この時、A国とB国は最適通貨圏であることになるのです。言い方を換えると、最適通貨圏とは「金融政策に頼ることなく個々のマクロ・ショックを解消できるようなメカニズムが期待できる領域」ということになります。そのような領域は、安心して一つの通貨であることの便利さを享受すればよいというわけです。

マンデルが1999年にノーベル経済学賞をもらった時、その授賞理由にはこの点への貢献が含まれていました。彼は最適通貨圏の理論の生みの親であり、当時まさに進行中であった「ユーロの父」とも呼ばれました。最適通貨圏はともかく、今でも彼を「ユーロの父」と呼ぶ人はどのくらいいるのでしょうか……。

## 最適通貨圏の4条件

マンデルを含め、その後になされた研究を通じて、最適通貨圏のさまざまな条件が提示されてきました。ざっと整理すると、主に次の四つの条件を挙げることができます。順番に説明していきますが、まず先に列挙しておきますね。

①労働の移動可能性
②財政による再分配
③景気変動パターンの類似性
④貿易量の多さ

まず①の「労働の移動可能性」ですが、これこそまさにマンデルが最初に指摘した条件です。先ほどの図で、もしA国の失業者がB国で仕事をすることができたらどうでしょう? A国の失業問題が解消するのみならず、B国でも低めの賃金で喜んで働く労働者がやって来るわけですから、物価上昇に歯止めをかけることができます。こうして、金融政策に頼ることなく問題が解消できるので、A国とB国は同じ通貨を使っても問題はないというわけです。これ自体は至極もっともな条件だと思います。

続いて②の「財政による再分配」です。これは景気が過熱しているB国では、それに応じて税収もたくさんあるはずだ、ということに注目します。もしその税収を用いてA国で重点的に公共事業などの支出を行なうことができればどうでしょうか？　A国では生産が刺激され、失業の解消に役立つことでしょう。これはいわば、B国からA国への所得の再分配を行なっているのと同じことであり、一つの国の中であれば、ごく自然に行なわれていることでもあります。日本でも東京などの税収の多い地域から得られる税金を、北海道などの税収の少ない地域での支出に配分しており、これを「地方交付税交付金」といいます。一国の政府にはそれを行なう強い権限があるわけですが、国をまたいでとなるとこれはそうもいかないでしょうね。B国の国民から取り上げたお金をA国のために使うなどということは、国家を超えた権限をもっている特別な機関でなければできません。

次の③の「景気変動パターンの類似性」ですが、これは最適通貨圏の条件それ自体としてはあまり面白くありません。景気変動パターンが似ているとは、そもそも図のような状況が生じにくいということです。つまり、A国が景気が悪くて失業に悩んでいるときは、B国も景気が悪い。逆にB国で景気が過熱しているときには、A国も同じように過熱しているというこ とです。だからそもそも個々別々の金融政策などというものが必要にならないというわけですね。「そりゃ、当たり前だろ！」と突っ込まれそうですが、まあ、そうなんです。でもこの条件は、条件それ自体としては当たり前なのですが、後でお話しするEUとの関連では面白い研究テーマでもあるのです。

最後、④の「貿易量の多さ」です。これは①と同じくらい早い段階で提示された条件でした。図のような状況でそもそもA国とB国の間で貿易が活発であれば、A国からは、物価が上昇してモノが高く売れるB国への輸出が増加すると考えられます。それによってA国の生産は刺激され、A国から安い商品を輸入することで、B国のインフレにも歯止めがかかるでしょう。しかし何より、貿易量が多いということは、同じ通貨であることのメリットを多く受け取ることになりますね。

仮に図のような状況がなかなか改善されないとしても、通貨を交換したり、為替レートが変動したり、3か月後の為替レートを予測したり、といったデメリットがなくなる方がはるかに重要なのだ、ということもあり得るのです。やはりそういうところでは、一つの通貨を使うことが望ましいだろうというわけです。

## なるほど、一つの国に一つの通貨！

さて、最適通貨圏の代表的な条件を列挙しましたが、いかがでしょうか？　筆者は大学の授業でこの条件を列挙した後、つくづく「なるほど、やはり一つの国が一つの通貨をもつ理由があるのだな」と考えてしまいます。まるで振り出しに戻ってしまうのですが、これら四つの条件は、一つの国家の中でこそもっともよく満たされるのだ、と思えてならないからです。

①の「労働の移動可能性」は、国内でこそもっともよく満たされます。移民を受け入れる程度には国によって差がありますが、北海道から東京に移動するより簡単であることはめったにありませんね。逆に、日本を含め外国の労働者を厳しく制限している国はたくさんあります。

②の「財政による再分配」については、先ほど地方交付税交付金の例を挙げました。これも一つの国の中ではごく自然に行なわれています。しかし国をまたいでそれを行なうのは、やはりきわめて困難です。東京都民が「何でわれわれの税金で北海道民を……」などというのはあまり聞きませんね。でも、多くのドイツ国民は、自分たちの税金でギリシャの国民を救済するのはイヤなようです。

③の「景気変動パターンの類似性」については、いろいろな見方が可能でしょう。なるほど産業構造などで考えれば、東京と北海道はずいぶんと違うかもしれませんね。他方で全国的に見れば、東京と北海道の違いは日本とポーランドほどは違わないのだということもできます。

そして④の「貿易量の多さ」ということであれば、多くの国ではやはり国内の取引の方が圧倒的に多いわけです。近年の日本の国内総生産のうち、輸出はせいぜい15%ぐらいです。

ということは、日本国内で生産されたモノのうち、８割以上は国内で取引されているということです。国分寺市から三鷹市に行く度に通貨を両替しなければならないとしたら、それに伴う不便さの方が比べものにもならないほど大きくなってしまうでしょう。

## ユーロ圏の成績表――最適通貨圏の４条件を検証する

さて、そうはいっても一国家を超えた、あるいはそれ以下の最適通貨圏が存在しないことが証明されたわけではありません。特に前者の例としては、なんといってもユーロ圏の存在があります。現在、ＥＵ加盟国のうち19か国が共通通貨ユーロを導入しています。ＥＵに加盟していない小さな国や、事実上ユーロが流通しているという国を含めると数はもっと多くなります。はたしてこの19か国は、最適通貨圏としての条件を満たしているのでしょうか？

①の「労働の移動可能性」から見ていきましょう。ＥＵ域内は１９８０年代後半に、いわゆる単一市場になりました。それは原則として（あくまで原則として、ではありますが）国境によって分断されない一つの市場であることになっています。言い方を換えると、ヒト、モノ、カネに関する域内の移動は自由なのです。これは制度的にはまさに最適通貨圏にうってつけなわけですが、残念ながらこの点に関する評価は×です。制度的に認められているということと、実際にそれが生じることとの間には、大きなギャップがあることの好例です。おそら

く最大の問題は言語でしょう。ギリシャの失業者は、明日からすぐにもオランダに移住して仕事をすることはきわめて困難です。同じヨーロッパといっても、北部（ドイツやオランダ）と南部（ギリシャやイタリア）とでは、文化的に違いがあることも指摘されています。カソリックとプロテスタントという違いも一つの要因ではあるかもしれません。

そして最大の皮肉というべきは、この「ヒトの移動の自由」は、国によって異なった形で生じるショックを解消するためというよりは、（まったく違うことではありませんが）経済的により豊かな国へと向かう、旧東欧の国からの大量の移民を生み出していることです。そしてこれを受け入れる国の側での大きな反発を引き起こしているのです。イギリスがEU脱退を選択したのも、最大の要因の一つはこの移民です。そしてイギリスに続けと言わんばかりに、同じ考えを主張する人々が、どこの国でも政治的により大きな勢力になりつつあるのです。「反移民」はそれだけで一つの政治的スローガンになってしまっています。「ヒトの移動の自由」は、最適通貨圏の条件としてはあまり機能していないのに、別な面で大きな反発を引き起こすことで、EUを崩壊させかねない力を生み出すことに貢献してしまっているわけです。これを皮肉と言わずしてなんと言えばよいのでしょうか。

②の「財政による再分配」は、説明の必要もないほど×ですね。国をまたいで所得を再分配するには、当然、国家権力を超えた権限がなければなりません。何しろギリシャの国民を

救うために、ドイツ国民のポケットからお金を徴収するというのですから。そしてその権限をもつことができるのはＥＵという機関です。

ときどき誤解している人がいますが、ＥＵというのは単なるヨーロッパの国々の首脳会議ではありません。それは一つの機関であり、これに加盟する国々は自国がもっている国家としての権限を一部放棄して、これをＥＵに委譲しているわけです。したがって、ＥＵがその強力な権限を行使できるというのであれば、国を超えての所得の再分配も不可能ではないかもしれません。

しかし現実には、ＥＵにはそれだけの権限はありません。そして何よりヨーロッパの人々は、これ以上、ＥＵが国家を超えた権限をもつことに大きな不安と不満を表明しています。独立国家なのに自分たちのことを自分たちで決められず、ＥＵからあれこれ命令されるのはもううんざりだというわけです。これもまた、イギリスのＥＵ離脱の要因であり、「反ＥＵ」もまた各国で一つの政治的スローガンとなっています。

③の「景気変動パターンの類似性」はどうでしょうか？　実はこれは、最適通貨圏の条件としては（さっき見たように）あまり面白くないのですが、そのＥＵへの応用研究としては面白い側面をもっているのです。つまり、景気変動のパターンが似ていたかどうかは別として、すでにＥＵは単一市場を作りましたし、その一部の国々は通貨を統合してしまいました。興

味深い問題はここからです。はたしてその結果、今後EUの国々はだんだん似てくるのでしょうか、それともだんだん差が大きくなっていくのでしょうか? 結婚すると夫婦の顔がだんだん似てくるとか、飼い犬が主人に似てくる(逆でしたっけ?)とか、いわばそういう問題です。

この点についてはまだ確定的な研究結果は出ていないようです。「似てきている」「いや、変わっていない」と両方の主張がなされています。したがって、評価は今後に委ねて△としましょうか。

ただ、市場のメカニズムには、両方向に引っ張る二つの力が働くことは知っておいてください。市場や通貨が統一されれば、やはり競争を通じて均質化するメカニズムが働くと考えられます。かつてのように、同じものがドイツでは5マルクで、イタリアでは2000リラで……なんて言われても、どっちが割高なのかわからないですよね。これがどちらもユーロであれば一目瞭然になるわけです。

他方で、市場にはだんだん差を作るメカニズムも働きます。これは「集積」のメカニズムと呼ばれるもので、同じ業種や産業が、一つのところに集まることにさまざまなメリットがあるようなのです。秋葉原に電気屋さんが集まったり(最近は別のものが集まっているようですが)、霞が関に官庁が集まったり、シリコンバレーにIT関連企業が集まったり……と枚挙にいとまがありません。このどちらが優勢になるかによって、EUはより均質な市場になっていくのか、それとも工業国はより工業国に、農業国はより農業国になっていくのか……。これはまだまだわかりません。だから△です。

最後に④の「貿易量の多さ」ですが、これは○でいいと思います。EUは以前から域外との取引よりも域内向けの取引の方が活発でした。今でも基本はそうです。この点に関する限りは、一つの通貨であることのメリットは大きいのです。比較的、経済規模の小さい東欧の国がユーロへの加盟を望むのは、彼らの国の輸出品のほとんどがEU向けだからです。金融政策の独立性などより、そちらの方が大事なのですね。

というわけで、ユーロ圏の「最適通貨圏としての成績表」は、×が二つ、△一つ、○一つです。大学生なら進級や卒業が危ぶまれる（!）成績といったところでしょうか。

もちろん、EUのために申し添えますが、EUが通貨の統合を進めたのは、経済的メリットのみを求めてのことではなかったのでしょう。第二次世界大戦、第一次世界大戦、普仏戦争……、と遡れば、ヨーロッパは常に戦場でした。勝った国も負けた国も荒廃したのです。それを今度こそ二度と繰り返さないためのヨーロッパ統合であり、ユーロの導入もその象徴の一つであったに違いありません。ただし、ユーロ導入のほころびが今や無視し得ない形で噴出しており、統合の象徴どころか分裂のきっかけにすらなりかけている現実があります。

国と国とが仲良くするためには、同じ通貨を使うことがぜひとも必要なのか？　もう一度考え直してもよいのではないかと思うのです。もちろん、われわれ経済学者もです。

※引用：ジョン・メイナード・ケインズ『貨幣論Ⅰ』小泉明、長澤惟恭訳、東洋経済新報社より

# 第7章の

# キーワード

## 交換の媒介

貨幣が果たしている機能の代表的なものがこれ。それがなければ物々交換をしなければならず、物々交換には「欲求の二重一致」が必要となる。交換の媒介としての貨幣はその不便を解消している。

## 金属学説

貨幣の価値はその素材の商品としての価値に由来するという考え方の一つで、特に金貨・銀貨の価値はgoldや銀の価値に由来すると考える。この立場は、貨幣は物々交換の不便を解消するために、人々の自発的な選択の結果として生み出されてきた、という考えと結びつく。

## 表券学説

貨幣の価値はその素材ではなく、何らかの権威（典型的には国家）による強制力や通用保証によるという考え方。不換紙幣の流通を説明できるとともに、貨幣の流通にはそのような権威の存在が不可欠であるという立場となる。

## 貨幣ヴェール観

経済の実体は貨幣量とは無関係なところで決まっており、貨幣はそれらに名目の価格を与えているに過ぎないという考え方。結果として貨幣量は物価を左右するが、長期的には実体経済に何ら影響を及ぼさないことになる。経済学が貨幣経済の分析を等閑視してきた要因の一つになっている。

## 最適通貨圏

一つの通貨を用いることが望ましい領域。通常は一つの国家であるが、それより狭い可能性も広い可能性もあり得る。ただし、通常の意味で国家は最適通貨圏の条件をよく満たしている。

第 8 章

# 予想の自己実現

資産価格の特殊性とそれがもたらす悲劇

economics

# 1

## 予想の自己実現

オイディプス「よいとも。ロクシアスは、おれが自分の母親と交わり、この手で父の血を流す定めにあると告げられた。そのためだ、おれがコリントスから遠く離れて、ずっと住んでいるのは。幸福にではあるが、やはり両親のお顔を見るのはまことに楽しいものなのだ」

使者「それではほんとうに、それが怖いばかりに、あの国から離れておいでか」

オイディプス「そして老人よ、父親の殺害者とはなりとうはないからだ」

ソポクレス『オイディプス王』

筆者が学生時代、これからお話しする「予想の自己実現」を「エディプス（オイディプス）効果」と呼んでいる経済書があったように思います。最近はトンと見ませんが、なかなか味のある名前だったと思っていてちょっと残念です。ここに引用したように、オイディプス王は予言通りになることを避けるためにコリントスを離れたのですが、まさにそのことによって予言通りになってしまいます。

ちなみに、ここで「ロクシアス」とあるのは、ギリシャの神アポロンのことです。予言がなければ、彼はコリントスを離れなかったでしょう。予言されたばっかりに彼の行動が変わり、そして予言通りになってしまったのです。

経済現象においても、そんなメカニズムが当たり前のように機能しているとしたらどうでしょう。まさに悲劇の始まりですね。でも、本当にそうなのです。

## 資産価格の特殊性——買う時に売ることを考える

株式や土地、不動産はもちろん、貴金属やさまざまなお宝にいたるまで、「資産」と呼ばれるものには一つ大きな特徴があります。それはその売買にあたって、将来の予想というものがかかわってくるという点です。

われわれはコンビニエンス・ストアでパンを買う時、あるいはスーパーで野菜や肉・魚を買う際に、手に取ったものが数か月後、あるいは1年後、10年後に価格がいくらになっているかをあまり気にしません。腐ってしまいますし、後日それを再販売するような市場というものがないからですね。

これに対して、先ほど挙げた資産はどうでしょう？　その耐久性と、それらを再び売買する市場が存在するがゆえに、それらを購入する時には、それらが将来いくらで売れるのかを考えずにはいられないのです。そしてその将来予想が、今それを買うか、やめるか、売るかに影響を及ぼすわけです。この点、パンや肉・野菜とは大きく違います。

もちろん日常的な消費財の中にも、多かれ少なかれ将来予想が関与してくるモノはあります。今後、バターが入手困難になると予想されれば、買い貯めしようとする人が増えることでしょう。しかし、資産の場合は、それらを再び売買する市場が存在するという点において、制度的にも非常に明確な形をとることになります。それはすなわち、それらが「投機」の対象になるということです。投機とは、買った時の値段と売った時の値段の差（儲かったときには「キャピタル・ゲイン（資本利得）」、損したときには「キャピタル・ロス（資本損失）」などといいます）を使って利益を得ようとする経済行動です。

## 予想するとその通りになる！

さて、どのような資産でもよいのですが、その価格が将来上昇すると予想されているとしましょう。ということは、今買っておけば、それを将来高く売ることで利益を得ることができます。つまり「買い」ですね。人々がそう思って一斉に買うとすると、その資産は本当に高くなってしまいます。なにしろみんなが買いたがっているわけですから、高くなるのが市場の理《ことわり》です。逆もしかりですね。その価格が将来下落すると予想されているとすれば、今のうちに売ってしまうのが良いでしょう。下がってから売ったのでは損をしてしまいますからね。人々がそう思って一斉に売ると、その資産は本当に値下がりしてしまいます。誰もが売ろうとするものは、安くなるのがやはり市場の理です。

かくして人々の予想は、自己実現することになります。人々がその資産の価格上昇を予想すれば、「買い」が優勢となり、その資産の価格は本当に上昇します。逆に、人々がその資産の価格下落を予想すれば、「売り」が優勢となり、その資産の価格は本当に下落するのです。人々が予想し、それを信じて行動すれば、本当にそれが実現してしまうのです。

ここで重要なことは、その場合の予想は正しい必要もなければ、正しい根拠に基づいている必要もないということです。嘘でも、デタラメでも、迷信でも、都市伝説でも……、何でもいいんです。大事なことはただ一つ。人々がそれを信じてその通りに行動することです。例えば、筆者がどこかの駅前広場でマイクを使って「〇〇企業の株価がもうすぐ上がるらしいぞ」と叫んだとします。実は何の根拠もありません。筆者はただ出任せを口にしているだけです。でも、人々がそれを信じたらどうなるでしょう？「上がるのか！　それなら今のうちに買っておかなければ！」「俺も！」「私も！」……。そう、かくしてその企業の株価は本当に上がること間違いなしです。

※引用：ソポクレス「オイディプス王」『ギリシア悲劇Ⅱ――ソポクレス』所収、高津春繁訳、ちくま文庫より

# 2 バブルの生成と崩壊

「人の一生には、投機をしてはいけないときが二度ある。一つは投機をするほどの余裕がないとき。もう一つはその余裕があるときだ」

マーク・トウエイン『赤道に沿って』

「10月。株に手を出すにはいやに危険な月だ。このほかのそういう月には7月、1月、9月、4月、11月、5月、3月、6月、12月、8月、2月がある」

マーク・トウェイン『まぬけのウィルソン』

自ら投資の失敗によって破産した経験をもつ人ならではの説得力があるように思います。

投機がすべて悪であるということはできないでしょう。しかし、以下で見るように、それをめぐって人間の貪欲と愚行がもたらした狂気の歴史を思い起こすとき、アメリカの作家マーク・トウェイン（1835〜1910）のこの言葉は、実に健全なる知恵であると思いたくなります。今現在においても……です。

予想の自己実現がもたらす最大の経済的悲劇こそ、「バブル」の生成と崩壊に他ならないのです。人類はそれを不思議なほど同じパターンで繰り返してきました。そしてまだ繰り返しています。おそらく今後も繰り返すのでしょう。いやぁ、もう繰り返さないさ！　今度ばかりは今までとは違うんだ！　などという言葉が巷でもてはやされ始めたとしたら、要注意です！　それこそバブル劇場の始まり、始まりですよ。

## チューリップ・マニア

狂気の歴史の最初を飾るのは、風車とチューリップの国オランダです。歴史に名をとどめるほどの大掛かりなバブルの生成と崩壊は、世界で最初に1630年代のオランダで生じました。その時のバブルの対象となった資産は、株でも土地でも貴金属でもありませんでした。それはチューリップだったのです。「チューリップ・マニア」とは、オランダで1630年代に生じたチューリップをめぐる投機的熱狂のことです。個人のチューリップ・オタクのことではありませんので注意してくださいね。

チューリップは南欧や中東地域を原産地とするようです。それは16世紀半ば頃（1562年ともいわれます）、北ヨーロッパに初めて持ち込まれました。そして、そのチャーミングな美しさは人々を魅了しました。当然、当初は〝高嶺の花〟ならぬ〝高値の花〟でした。と、同時に、チューリップを庭先に植えるなど、その花を自宅に咲かせることは、人々のステイタス・シンボルにもなったのです。オランダの土壌や気候が適していたこともあり、それは瞬《また》く間《たた》にブームを引き起こしました。

ここで重要なことは、人々に大人気の花が高値になること自体はいたって自然なことだということです。ダイアモンドと同じです。ダイアモンドがいくら高くても、それをバブルとは言いませんよね。問題はチューリップがブームになり、その値段が上昇すると、別のことを考える人たちが出てくるのです。チューリップの値段はどんどん上がっていく。珍しい品種はなおさらだ。ならば、今チューリップを買えば、その球根はそれよりはるかに高い値で売れる……。そう、ここでチューリップは投機の対象となったのです。もはやその時点で、その人にとって花の美しさはどうでもいいわけです。ダリアでもヒヤシンスでも構わない！買った時の値段と売った時の値段の差だけが問題なのです。そしてまさに、それはそうなりました。国を挙げて……です。

忘れてはならないのは、当時のオランダは世界の半分を占めるともいわれた商船団を用いて、東インドとの交易を独占しており、経済的にはもちろん、文化的にもその絶頂にあったということです。画家のルーベンスやレンブラント、少し遅れてフェルメールの時代です。バブルは、繁栄している経済で生じます。当時、世界でもっともバブルのお膳立てにふさわしかったのは、まさにオランダだったのです。

人々はチューリップの値段が上がり続けることを信じて疑いませんでした。そして、人々がそう信じてチューリップを買う限り、チューリップの値段は本当に上昇します。予想が自己実現するわけです。中には家の財産をすべて投げ打って、チューリップの球根一つを手に入れた人もいました。

笑えますか？　でもそうして買ったチューリップの値段が倍になるとしたら、ちょっと心が動いてしまう人もいるのではないでしょうか？

## レバレッジの誘引

もう一つ重要なことは、バブルには、必ず銀行などの金融機関がつきものだということです。チューリップを買うためなら、お金を貸してもらえるのです。ということは、今手元に十分なお金をもっていない人も、お金を借りてこの投機に参加することができるわけです。

所持するお金の何倍、あるいは何十倍ものお金を動かすことも可能になります。何しろ、どうせなら大きく賭けた方が儲けも大きいですからね。これを「レバレッジ（梃子《てこ》の原理）」といいます。

この点はとても重要です。人々が自分の懐《ふところ》具合《ぐあい》の範囲内で賭けをするなら、せいぜい個人レベルでの破産が生じるだけです。それはそれで困ったことではあっても、それはバブルではありません。競輪や競馬をめぐってバブルが起こることは考えにくいわけです。理由は簡単です。銀行はまさかそのためにお金を貸してはくれないからです。だとすれば、破綻《はたん》するにしても、それはあくまで個人レベルの話です。

ところが、人々が自分のもっているお金の何倍、何十倍ものお金を動かして、もしそれに失敗したとすれば、それは個人レベルの話では済みません。その人にお金を貸していた銀行も破綻しますし、その銀行にお金を貸していた銀行も連鎖的に倒産することになるのです。それは社会的な破綻へと連なります。バブルのもたらす惨劇の本質的な原因は、まさにこのレバレッジにあるのです。

そしてまさに、アムステルダムは17世紀初頭の「ウォール街」でした。1636年には、アムステルダムやロッテルダムなどにチューリップの取引所が成立しており、チューリップは融資の担保として銀行に預けられました。それだけではありません。植え付けシーズン前の冬限定だった取引が、先物市場の成立を通じて一年中取引が行なわれるようになったのです。さらにはチューリップを「売買する権利」を売買するという「オプション市場」も成立しました。もう、今日の金融市場と何ら変わりありません。おまけといっては何ですが、チューリップの栽培者が悪天候による生産高の減少から身を守るための「雨保険」までもが発明されたというから驚きですね。

## どこか狂っている！

なぜこれらはマニア（熱狂）と呼ばれるのでしょうか。それは単にチューリップの価格の異常な高騰だけではなく、その背後にはまさに熱狂としか言いようのない愚かで、貪欲で、奇妙な人間行動が実際にひしめいているからなのです。

ある記述によれば、貴族、市民はもとより、農民、職人、水夫、従僕、女中、さらには煙突掃除人や古着屋のおばさんまでがチューリップに手を出したといいます。牛にチューリップを食べられて破産し、自殺した栽培家。高価なチューリップを玉ねぎと間違えて食べてしまい、刑務所に入れられた水夫。特定の品種の稀少価値を維持するために、他人のチューリップ畑にさまざまな家畜を放った者たち。あるいは、ある地域のチューリップ畑が壊滅したというウソの情報を流して価格を釣り上げた相場師たち。さらには、金本位制をやめて「チユーリップ本位制」を主張する者までいたそうです。

終末は1637年に訪れました。予想の自己実現は、何も価格の上昇だけに働くわけではありません。例によって、何の根拠もなく一部の人々が「いくらなんでもそろそろ下がり始めるんじゃないの？」と考えたとします。価格が下がってから売ったのでは損をしてしまいますから、その前に売ってしまおうというわけです。それに連動して一部の人々がチューリップを売り始めると、価格は本当に下がってしまいます。価格の下落を見た人々はビックリ仰天、みんな大慌てでチューリップを売り始めます。こうしてチューリップ価格の大暴落が起こるのです。これもまた予想の自己実現であるわけです。

うまくチューリップを売ることに遅れをとった人には、莫大なお金を投資した挙句、チューリップの球根が手元に残るだけとなります。そしてその人にお金を貸した銀行も、その銀行にお金を貸していた銀行も、次々と連鎖的に破綻しました。それだけではありません。貸したお金が返ってこない（「不良債権」といいます）銀行は、新たにお金を貸し出すことを躊《ちゅう》躇《ちょ》せざるを得ないでしょう。その結果、チューリップとは無関係に地道に生産活動をしていた人々までもが、通常の商売上の融資を受けることができなくなってしまい、これまた破綻することになります。こうして、実体経済は大不況となり、失業者が街にあふれることになるわけです。

オランダがこの悲惨な状況から回復するのには、数十年を要したといわれています。しかし何より恐ろしいのは、人類はこの後もこれに懲りることなく、こうした悲喜劇を繰り返し、今日にまで至っていることなのです。

## 南海会社バブル——夢のような儲け話

「チューリップ・マニア」からおよそ100年後、世界の貿易の中心地はイギリスのロンドンに代わっていました。他方、イギリスは陸軍・海軍をはじめとする政府支出による膨大な政府債務を抱えていました。税金はすでに高く、これ以上増税したら反乱が起きかねない状況だったといわれています。そんな中で1711年、南海会社が国の認可を得ました。総裁は国王のジョージ一世です。

ここでいう「南海」とは、南アメリカの全域と北アメリカの西海岸を含め、さらにインド(当時は「東インド」と呼ばれていました)の方にまで及んでいました。南海会社はこの領域との交易を独占するという触れ込みでした。とはいえ、当時、南アメリカの大半を勢力下に治めていたスペインがこれを認めるかどうかは別でしたが。

しかし実際は、この会社は政府の債務を払うための資金集めだけが目的の会社だったのです。人々は南海会社の株を買い、そのために払ったお金は政府債務の支払いに回されました。

では、なぜ人々はそんな会社の株を喜んで買ったのでしょう？　会社の経営陣は、この会社の夢のような商業的可能性に関して、デタラメを含めて盛んに宣伝をしました。要するに、人々はそれを信じたのです。そして人々が信じて買いさえすれば、その株価は本当に上がるのです。債務を抱えた政府にとっても、経営陣にとっても、そして投機を通じて楽してお金を儲けたい人々にとっても、まさに「ウィン、ウィン、ウィン」のシナリオではありませんか！

南海会社に有利な独占的特権が議会で承認されるにつれ、事態はまたもや社会的熱狂へと進んでいきました。株価の伸びが弱まると、高額の配当が宣言されました。儲けるチャンスから取り残されないためには、この会社にどうやってそんな配当を支払うことができるのかという疑問を思い浮かべている暇はなかったようです。もはや議会でも、巷でも、その危険性を指摘する人の声は、無視され、かき消されました。

こうした社会的熱狂の中では、同じような怪しいベンチャー企業が次々と現れます。そしてそれらは適切にも「泡沫《ほうまつ》会社」と呼ばれるようになります。「永久運動をする車輪」を開発する会社や、もっとすごいのは「非常に有利な事業を行なう会社だが、その内容は不明」などとうそぶく会社まで現れました。しかし、驚くのはここではありません。その会社が「1株につき2ポンド払ってくれれば、毎年100ポンド受け取ることができます」と約束すると、5時間で2000ポンド集まったというのです！　そして6時間後には、その発起人はお金と一緒にどこかへ姿をくらましており、消息不明になったことは言うまでもありません。

1720年7月には、額面100ポンドの南海会社の株価は1000ポンドにまで高騰しました。しかしその後、来るべきものが来ました。暴落です。理由を考えても仕方ないでしょう。とにかく「これ以上は上がらない」という予想がなぜか支配的になり、まさにその通りに自己実現しただけのことです。一説によると「ラウンド数字恐怖症」といって、切りのいい数字を恐れる兆候があるといいます。笑ってはいけません。予想の自己実現に、正しい根拠など必要ないのですから。

わずか2か月で株価は400ポンドまで下がりました。第4章でご紹介したニュートンも、まさにこの時に莫大な資産を失ったのです。ニュートンはまだよい方かもしれません。多くの金融機関が破綻し、逃亡した人、自殺した人、南海会社の経営陣を反逆罪で糾弾する議員……。イギリスは国内外の双方において信用が失墜し、その回復には数十年以上を要しました。始まり方は違っても、終わり方はとてもよく似ていることがわかりますね。

## 「ミシシッピ・バブル」とジョン・ロー

イギリスで南海会社バブルが崩壊していたのとまったく同時期に、大陸のフランスでも同様なバブルが膨らんでは破裂しました。

「太陽王」と呼ばれたルイ14世は、まさにその名にふさわしい贅の限りを尽くし、当然、その結果としてフランスの財政は著しく困窮していました。彼が亡くなると、まだ5歳のルイ15世が即位し、その叔父のオルレアン公フィリップが摂政《せっしょう》になりました。

このオルレアン公に、ギャンブル場で深い印象を与えた一人の男がいました。この男の名をジョン・ロー（1671～1729）といいます。フランスの困窮した経済は、以後この男に委ねられることになりました。

ローはスコットランドのエジンバラで、飾り職人の息子として生まれました。優れた知性と風貌を兼ね備えた青年に成長したローは、ギャンブルにおいてもその知的アプローチによって際立っていたといいます。ところが、あるきっかけで決闘に巻き込まれ、相手を殺してしまいます。かろうじて死刑は免れそうでしたが、ローが選んだのは牢獄からの逃亡でした。ヨーロッパ各地を転々とする中で、ギャンブルの腕前を発揮しつつ、金融問題や銀行業について学んだといわれています。彼の政策提言は、当時まったく相手にされませんでした。彼の努力がようやく実を結んだのは、通貨がまったく信用されず、経済的な取引も完全に委縮し切っていたフランスだったのです。

1716年、ローはバンク・ゼネラルという銀行の設立を認められました。そして、請求があればいつでも銀貨と交換できる銀行券を発行し、すべての国民がこの銀行券で地方税を払うようオルレアン公を説得しました。この銀行券はたちまち人々に受け入れられました。これによってフランスの景気は劇的に回復したのです。話がここで終わっていれば、ローは今日における金融政策の生みの親として、歴史に輝かしい名のみを残したことでしょう。

１７１７年、ローは「ルイジアナ会社」の設立を認可されます。これはアメリカ合衆国の13の州を含む、フランス領ルイジアナの天然資源を開発する会社です。そこにはgold・銀・エメラルドが大量に存在するという触れ込みでした。加えて、彼が設立したバンク・ゼネラルは、国立銀行「バンク・ロワイヤル」に変わりました。これは貨幣鋳造を独占的に行なうことを認められた、まさに今日の中央銀行です。

## 終わりの始まり

ただし、この時点で銀行券の発行を管理するのはローではなく、国王、または摂政のオルレアン公になったことがこの話の終わりの始まりでした。

１７１９年、ルイジアナ会社はフランスの東インド会社をはじめ、いくつかの会社を吸収し、「インド会社」となりました。当時としては世界最大級の企業の一つになったのです。そしてさらにこの会社は、バンク・ロワイヤルをも買収してその傘下に収めたのです。

ローの計画はこうです。フランスの国債をもっている人に対して、インド会社は銀行券を発行してこれを買い取ります。国債を売って銀行券を受け取った人々は、それでインド会社の株を購入します。こうしてフランス政府は借金を清算していくと同時に、インド会社の株はどんどん上がり続けることになったのです。いわば、自分で発行したお金で、自分の株を買わせるサイクルです。それでも例によって熱狂は始まってしまいました。

インド会社はさまざまなデタラメの飾り立てによって宣伝されました。インド会社の株を買うために、ヨーロッパ各地から数十万人がやって来たといいます。パリのあちらこちらに株の取引所ができました。靴修理屋や行商人、そしてホームレスまでが、自分の場所やベンチ、露店を株の仲買人に貸すことで、本業よりもはるかにいい儲けを得たといわれます。

500リーブルで発行されたインド会社の株は、2万リーブル（40倍！）にまで膨れ上がりました。この時点でローはフランスの財務総監に任命され、フランスのみならず、ヨーロッパでもっとも知られた英雄となっていたのです。

あとはお定まりのコースですね。「ミシシッピ・デルタ地帯の開発は結構難しいらしい」「いくつかの事業で大損したらしい」「ミシシッピへの移民に人が集まらないそうだ」……。そりゃそうですよ。そのために集められた資金のほとんどは、フランス政府の支出をまかなうことに使われていたのですから。そしてその中には、オルレアン公の贅沢な生活費も当然含まれていたことでしょう。

1720年、インド会社の株はものすごい勢いで暴落を始めました。それを阻止しようとするあの手・この手はすべて裏目に出ました。一番ひどいのは、浮浪者の一団を雇ってツルハシやシャベルを持たせ、ルイジアナの鉱山にgoldを掘りに行く演出までしたそうです。しかしこの計略は見事にバレて、株の暴落を後押ししました。

同じ年の10月10日、バンク・ロワイヤルは破綻しました。フランスにおける通貨の信頼は完全に失墜し、ほぼ、物々交換社会に戻ったともいわれます。経済はその後、長く停滞したままになりました。命の危険にさらされたローは、逃げて国から国を転々とし、得意のギャンブルで生活費を稼ぎつつ、最後はヴェネツィアで「清貧、平穏、有徳な余生」を送った後、その生涯を閉じたといわれています。

やはりジョン・ローは稀代のギャンブラー、ペテン師だったのでしょうか？　筆者は必ずしもそうは思いません。現代における表券主義的貨幣と、それに基づく金融政策の草分けであると同時に、そのもっともネガティブな側面についても、それを顕在化させる羽目に陥った悲劇の天才ではないかと思うのです。金融に関して優れた教師であり、本人にとってはまことに残念なことですが、反面教師としても実に優れた教師だったようですね。

## 暴落を予想できないからこそ膨らむバブル

誰もが当然に思うことでしょうが、これらのバブルの崩壊は予想できないのでしょうか？もし暴落を予想できるのであれば、被害はかなり抑えられるというものです。残念ながら、暴落を予想することはできません。偶然にうまく切り抜けられた人はいるかもしれませんが、適切な方法で予測されたわけでは決してありません。それどころか、バブルというのは、その崩壊を予想できないからこそ膨らむのです。

そのことを示すために、簡単な例を使って考えてみましょう。

ある企業の株価が今日からバブルに転じていて、上昇を続けているとします。そして3日後にそれが崩壊することが人々に予想されているとしましょう。そんなことは可能でしょうか。いいえ、不可能です。

3日後にバブルが崩壊することがわかっているなら、その前（2日後）に売ってしまうべきです。何しろ崩壊してから売ったのでは大損してしまいますからね。しかしみんながそう考えて、2日後に一斉に売ったとしたら、バブルが崩壊するのは2日後になります。そうか、3日後にバブルが崩壊するということは、2日後にバブルが崩壊するということなんだ！ならばその前に（1日後つまり明日です）売ってしまうべきなんだね。その通りです。で、みんながそう考えて一斉に売ると、バブルは明日崩壊することになります。そうか、ということは今日のうちに売ってしまえば……。これではバブルの起きようがないですよね。

暴落が予想できないからこそ、バブルは膨らむのです。いや、それでも自分だけはちゃんと予想して切り抜けてみせるさ！　そう、きっとみんながそう考えているのでしょうね。そうしてバブルは膨らむのです。

※引用：マーク・トウェイン『赤道に沿って』飯塚英一訳、彩流社より
※引用：マーク・トウェイン『まぬけのウィルソンとかの異形の双生児』村川武彦訳、彩流社より

# 3 金融の不安定性

「評判を批評の如く受取り、これと真面目に対質しようとすることは、無駄である。いったい誰を相手にしようというのか。相手は何処にもいない、もしくは到る処にいる」

三木清『人生論ノート』

哲学者の三木《みき》清《きよし》（１８９７～１９４５）は短いフレーズで本質をズバッと突いてきます。そして、それは「予想の自己実現」の本質でもあります。

大学で銀行の貸出とそれによる預金の創造の話をしていると、学生の顔がにわかに曇るのがわかります。何しろ銀行は預けられたお金の一部を日銀に預けるだけで、あとは貸出に回すことができます。貨幣はもっているだけでは一向に増えませんから、銀行としてもなんとかしてこれを運用したいと考えるのが人情というものです。学生の顔が曇る原因は、その時、お金を預けた人々が、大勢で引き出しに来たらどうなるんだろうと思うからです。そして筆者は（ドヤ顔で！）言うのです。「もちろん、そこにはお金はありません」。

## 銀行の取り付け

銀行というのは、その原初の形態からそうでした。「すべての人が一度に預金を引き出しに来ることはない」という前提で運営されているわけです。では、すべての人が引き出しに来ることは、本当にないのでしょうか？　答えは、あると思えばあるけれど、ないと思えばないのです。いやいや、怒り出す前に思い出してください。これもまた予想の自己実現の話なのです。今この本を読んでいるあなたは、銀行に預金をおもちでしょう。しかし、相変わらずのんびりと本など読んでいて、銀行に走っていく様子は見られませんね。なぜでしょう？　「だって、いつでも引き出せるから……」が答えですね。その通りです。人々がみなそう思っている限りにおいては、本当にいつでも引き出すことができるのです。

これが逆に「預けたお金を下ろせないかもしれない！」ということになったらどうでしょうか？　もちろんあなたは、こんな本（！）を読んでいる場合ではありません。急いで銀行に駆け付けなければならないでしょう。そして人々がみな同じことを考えて銀行に殺到すれば、そこにはお金はなく、本当に下ろせなくなってしまいます。これを銀行の「取り付け」といいます。

人々が預金をいつでも引き出せると信じている限り、それはその通りに実現します。逆に人々が預金の引き出しに不安を感じ、それを行動に移せば、本当に預金は引き出せなくなります。まさに予想の自己実現そのものなのです。銀行の経営上の健全性や、人々の不安に相応の根拠があるかどうかは、この際、まったく関係ありません。信じれば信じた通りに、疑えば疑った通りに実現します。その点、これまでお話ししたバブルのメカニズムと寸分違わず同じなのです。

## マイケル少年の一言で銀行はパニックに

銀行が取り付けになるメカニズムの本質を、たった10分程度で体験することができる絶好の教材として、筆者が好んで学生に紹介するのは、ミュージカル映画『メリー・ポピンズ』の一シーンです。マイケル少年は、お姉さんのジェーンと一緒に、お父さんの務める銀行に連れて行かれます。いたずらばかりしている姉弟に、父親の働く姿を見せようというお父さんの魂胆からです。マイケル少年の手には2ペンス（まあ、10円玉だと思ってください）が握られています。それは帰りにセント・ポール教会の広場で、ハトの餌を売っているみすぼらしいおばあさんからハトの餌を買ってあげるためです。これは魔法使いの乳母であるメリー・ポピンズ（ジュリー・アンドリュース）の影響です。ただし、厳格な銀行員であるお父さんは、そういうお金の使い方は多分あまり好きではないので、銀行からの帰りに実行するつもりなのです。さて銀行に着くと、おエラいさんたちが銀行の素晴らしさを歌います。そこはミュージカルですからね。「銀行にお金を預けるとお金持ちになれる」「銀行に預けられたお金は町の役に立つ」等々と歌うわけです。最後にマイケル少年の2ペンスを取り上げて言います。

「マイケル君、君もこの2ペンスをわが銀行に預けてみてはどうかね？」

しかし、それでハトの餌を買うはずのマイケル少年が承諾するはずはありません。「僕の2ペンスを返せ！」。子供ですから、ヒステリックになりますよね。「返せ！　返せ！」。ところが、この「返せ！　返せ！」がカウンターの向こう側にいたお客さんたちに聞こえてしまうのです。「ん？　今、何かを返せって聞こえなかった？」。ザワザワ……。「ひょっとしてこの銀行は、預けたお金を返さないってことなのかしら？」。ザワザワザワ……。「ちょっとあたしの預金、今すぐ下ろさせてもらうわ！」「じゃあ、私も！」「私も下ろします！」。その場にいた人々にとどまらず、噂はあっという間に街中に伝わり、人々はお金を下ろしにドドっと銀行に殺到します。マイケル少年のたった一言が誤解されただけで、この伝統ある銀行はわずか数時間で取り付け騒ぎになってしまいました。

これは決して冗談ではありません。理由やきっかけが何であれ、銀行の信用がなくなったまさにその時に破綻が起こるのです。中央銀行の重要な機能の一つに「最後の貸し手」と呼ばれるものがあります。銀行が預金の支払いに支障をきたした時にも、その後ろにいてくれるのが中央銀行というわけです。また「預金保険」というものがあって、われわれの普通預金は、仮に銀行が破綻しても1000万円までは保証されます。これらはいずれも、人々が理由もなくパニックに陥って、銀行に殺到しないための予防措置になっているわけです。

## 株式市場への奇妙な信仰

「そのお考えこそ、物の怪に憑かれている徴です。
物の怪に操られ、おのれの手でその予言のままの事実をつくり、
予言が当たったとお考えなさる。
正気の沙汰とは思えませぬ」

黒澤明監督映画『蜘蛛巣城』

黒澤映画『蜘蛛城』は1957年の作品で、シェイクスピアの『マクベス』の戦国時代バ

ージョンともいうべきものです。ここでも予言をされた主人公（三船敏郎）は、まさにそれゆえにその通りの結果を迎えます。しかも、妻の讒言《ざんげん》に翻弄され、次第に欲望に取り込まれてゆく結果、その予言は最悪の悲劇として実現します。冒頭のセリフは、予言を信じてわが身を危険にさらそうとする主人公の盟友（千秋実）の息子が父を諌《いさ》めて言ったものです。

まさに金融市場における「予想の自己実現」を絵に描いたようなセリフではないですか。予言のままの事実を作っているのは、個人ではなく市場の人々なのですが、その様はまさに「物の怪に憑かれた」としか言いようがありません。通常の市場は、スミスが考えたほど「神の見えざる手」には導かれていないように思われますが、金融市場の方はどうやら「物の怪の見えざる手」に導かれているのかもしれません。そう、正気の沙汰ではないのです。

これまで述べてきたように、予想というのはかくも経済を混乱させるファクターであり、実際に混乱させてきました。驚くべきは、それでも株式市場の効率性を主張してやまない人々（経済学者）が常に存在し、また定期的に増殖することです。はたして株式市場は、これらの人々が信じているように、経済の実態や見込みを映し出すシグナルとして機能しているのでしょうか？　もちろん筆者の答えは、明確に「ノー」です。

かつて経済学の中で、利得をもたらすような投機には、市場価格を安定させる効果があると主張されたことがありました。というのも、投機が儲かるためには、価格が一番高い時に売り、一番安い時に買うのが一番だからです。人々がそれに成功しているとすれば、価格が高い時には売りを通じてそれが下がる力が働き、逆に安い時には買いを通じてそれが高くなる力が加わるのだというわけです。

しかしこの議論は投機に伴う予想のファクターを十分に考慮しているとはいえません。人々が買うのは、高くなると予想する時です。一番高い時に売るのではなく、この後、安くなると予想した時に売るのです。それは同じことではありませんよ。なぜなら彼らが安くなると予想した時が、その真偽とは無関係に、一番高くなった時だからです。一番高い時も、一番安い時も、それを決めるのは人々の予想なのです。そしてそれは自己実現するのであって、必ずしも経済の実態についての真実とは関係がないのです。

## ケインズの美人投票

ケインズが株式市場を「美人投票」に例えたのはよく知られた話ですが、その含意はここで繰り返すに値するほど重要です。この美人投票では、投票者は100人の女性の写真から6人を選んで投票します。そして投票結果の上位6名と、自分の書いた6名が一致した人に賞品が与えられるのです。さて、読者のみなさんなら、賞品をゲットするために、何を考えて6人を選ぶでしょうか?

自分が美人だと思う女性を6人選んでもダメですよね。要は結果としての上位6名を当てるわけですから。自分の好みはこの際、関係ありません。では周りの人々が好みそうな6名を選びましょうか。いえいえ、それではダメです。周りの人々もあなたと同じく、自分の好みなどには投票しないはずです。彼らも自分以外の人が好みそうな6名を探しているはずなのです。そうすると、あなたが考慮しなければいけないのは、周りの人々がそれぞれ自分以外の人々について何を考えるかです。いえいえ、でも周りの人々もあなたと同じくそう考えているはずですので、さらにそれを考慮しなければ……。

もちろん現実には、このような無限の推論を行なうことはできません。おそらくそこで重要になってくるのは、「世間的な評判」というものではないでしょうか。おっと、もう少し厳密に言うと「世間的な評判だと信じているもの」「世間的な評判だと信じられているもの」……。切りがないからこの辺にしておきましょう。いずれにしても、自分の好みとは無関係にそれに乗っかることが、賞品ゲットのコツになります。

これはそのまま株式市場に当てはまります。株価に関する予想は、個人的な真偽の判断ではなく、周りがどう考えるかに乗っかるのでなければ利益は得られません。そう、そして周りの人々もそう考えているのです。そこでは、それが迷信であろうと、都市伝説であろうと、マス・メディアの陰謀であろうと関係はありません。たとえ不条理な話だと思ったとしても、多くの人が動くと予想する方向に自分も動くことで、そして多くの人もそうすることで、それはその通りに自己実現するのです。そんなマーケットが経済の実態を効率的に反映しているのだとか、将来を映し出すシグナルであるのだとか……。お墓の下のケインズは、苦笑いしながらもうんざりしていることでしょうね。

2016年11月に行なわれたアメリカの大統領選挙を思い出します。共和党のドナルド・トランプ候補が予想外に優勢となり、もし当選などということになれば「トランプ・ショックだ！」などと、相場の不安定化が懸念されていました。しかし当選が決まるや、今度は「トランプ氏の経済政策への期待から」などと書き立てられ、ドル高が生じたのです。まるで当選前のトランプ氏と当選後のトランプ氏が別人であるかのようでした。もちろん別人なのは、その時その時にただ騒いで、流れに乗って知らん顔をしているマーケットの側だったのです。

## 悲しき経済予測――自然現象と社会現象の違い

経済予測は当たらない、天気予報より当たらない、読者のみなさんもそう思っていますよね。物理学でさえ、空気抵抗も摩擦もないような宇宙空間であればきわめて高い予測能力をもつにもかかわらず、地震や火山の噴火といった地球上の現象となると、一挙にその予測能力は落ちますね。それは空気抵抗や摩擦等によって、現象がはるかに複雑なものになってしまうからでもあります。

それからすると、経済現象というのは同じくらい、あるいはそれ以上に複雑な現象であって、予測が当たらないのは当然です。というか、そもそもそれが可能であるかのような錯覚を抱いている経済学者の方がどうかしているというものです。しかし、そうはいっても、経済のような社会現象における「予測」の意味については、もう少し考えてみる必要があると思うのです。それは自然現象の予測とは根本的に異なっているのです。

「明日、午後から雨が降る」という予報を聞けば、あなたは朝、折り畳みの傘を持って出勤するでしょう。多くの人々がそのように朝の行動を変えたとしても、予報が正しければ雨は降るでしょうね。あるいは、ある火山の噴火が予測できたとして、近辺の住民がそれに応じてこぞって避難したとしても、予測が正しければ噴火は起こるでしょう。つまり、少なくとも短期的なスパンで考える限り、自然現象に関する予測を聞いて人々が行動を変えても、予測の対象となった自然現象それ自体は影響を受けないと考えられるわけです。

これに対して社会現象はどうでしょう? すでに見たように、「明日円高になる」という予測を聞いて、人々がそれに応じて行動を変えれば、おそらく円高になるのは明日ではなく今日になってしまうでしょう。つまり予測は外れるのです。来月から物価が上がるという予測を聞いて人々が行動を変えれば、駆け込み需要で物価は来月を待つことなく上がり始めるでしょう。ここでも予測は外れることになります。

重要なことは、社会現象を構成しているのは、人間の行動であるということです。ここが短期的な自然現象との大きな違いです。予測を聞いて、人々が行動を変えれば、予測された現象自体が変わってしまうことになります。つまり、予測は外れるのです。それなら予測を聞いても人々が行動を変えなければいいのでは？　その通りです。でも、聞いても行動が変わらないような予測にどんな意味があるでしょうか？　予測とはそもそも、それを聞いて行動を改善するためにあるのではないでしょうか。しかし、人々の行動を変える役に立った暁には、その予測は外れる運命にあるのです。

それでも経済予測は、さまざまなレベルで行なわれ続けています。せっかくやっているのですから、当たるといいですね。でも、その予測が見事に的中するためには二つのことが必要です。一つ、その予測が正しいこと。二つ、誰もがその予測を信じないがゆえに、誰も行動を変えないこと、これです。

あ、大事なことを忘れていました。もう一つだけあるのです。それは、まぐれ当たりです。

※引用：三木清『人生論ノート』新潮文庫より
※引用：黒澤明監督映画『蜘蛛巣城』より

# 第8章の

# キーワード

## 資産価格

株式や土地、不動産など、資産と呼ばれるものの価格形成には、将来に対する予想がかかわるという点において、普通の財とは異なる。

## 予想の自己実現

人々が予想をし、それを信じて行動すると、予想した通りの結果が実現すること。この際、その予想が正しいとか、適切な根拠に基づいているといったことはいっさい関係ない。バブルの生成と崩壊、銀行の取り付けなど、金融にかかわるパニックの要因となっている。

## ケインズの美人投票

自分の好みや正しいと思ったものを選ぶのではなく、周囲の人々の思惑を予想して選択が行なわれる状況。ただし、周囲の人間も同じことを考えている結果、最終的に選ばれるものは、好みや正しさとは何の関係もない可能性がある。そこでは、人々が受け入れる（と人々が思う）風評や都市伝説などが重要な役割を果たしてしまう。

## 社会現象の予測

社会現象は人間行動によって構成されているため、予測に基づいて人々が行動を変えると、予測は必然的に外れることになる。この点、短期的な自然現象の予測とは異なっている。

第9章

# 政府がやるべきこと、やるべきでないこと

究極の問題

economics

## 1 時代とともに変わる政府の役割

「今日、経済学者にとっての主要な課題は、おそらく、政府のなすべきこととなすべからざることとを改めて区別しなおすことである。そして、それに付随する政治学上の課題は、そのなすべきことを成し遂げることができるような政府形態を、民主制の枠内で工夫することである」

ジョン・メイナード・ケインズ『自由放任の終焉』

このケインズの言葉がすべてです。これを前にして筆者などが述べ得ることは実にわずかです。この本も最終章に入りました。最後のテーマは、筆者を含めてすべての経済学者のライフワークである（べき！）テーマです。経済学者ではない読者のみなさんにも考え続けてもらう必要があります。したがって、ここではそのための指針とガイドを与えられたらと思っています。

まずは、今から150年以上も前のイギリスで、この問題に真摯に取り組んだ一人の経済学者の話から始めましょう。

## ジョン・スチュアート・ミルの葛藤

その経済学者の名前は、ジョン・スチュアート・ミル（1806〜1873）です。彼の父親のジェームズ・ミル（1773〜1836）は、歴史家、哲学者、社会評論家として、当時の中心的知識人の一人であり、哲学者のジェレミー・ベンサム（1748〜1832）や経済学者のデイヴィッド・リカード（1772〜1823）とも親交がありました。

彼は息子のジョンに驚異的な英才教育を与えたことで知られています。そのおかげでジョンは3歳でギリシャ語、8歳でラテン語を学び始めました。彼が13歳までに読了した本のリストを見ると、誰しもが唖然となること請け合いです。しかし、最大の驚異は、そのような教育を受けたにもかかわらず、人格破綻者にはならなかったと見受けられることです。彼は20代の頃、夫のある女性（ハリエット・テイラー）と恋仲になり、その夫が亡くなるまで20年待った後、1851年に結婚したことでも知られています。

経済学者としてのジョン・スチュアート・ミルは「古典派」と呼ばれる系譜に属します。つまりアダム・スミスに始まる経済学の継承者であり、その集大成ともいえる作品が１８４８年に出版された『経済学原理』でした。岩波文庫でも5冊分になる大著です。

アダム・スミスは、利己心に基づく自由な経済取引がある種の良い状態をもたらすと考え、その結果として政府の介入を最低限のものに限定すべきことを主張しました。その考え方は「夜警国家観」などともいわれます。その流れを汲むミルが、自らの著書である『経済学原理』の第5編をまるまる使って「政府の影響について」を論じているのです。5冊の文庫本でも、やや薄めの1冊がそれにあてがわれています。明らかに、ミルは政府のやるべきこととやるべきでないことを、アダム・スミスがそうしたよりももっと詳しく、丁寧に論じる必要を感じていたのです。

この『経済学原理』が出版された１８４８年は、アメリカでゴールド・ラッシュが始まった年として知られていますが、何よりもヨーロッパでは「革命」の嵐が吹き荒れ、その結果いわゆる「ウィーン体制」が崩壊しました。１８４８年の革命はそれまでのようなブルジョワジーによる市民革命ではなく、その主体はプロレタリアートと呼ばれる労働者や農民層でした。そして、まさにその同じ年にカール・マルクス（１８１８〜１８８３）とフリードリッヒ・エンゲルス（１８２０〜１８９５）による『共産党宣言』が出版されたのでした。

たしかに当時の労働争議は、今日のように契約、協議、ストライキ等々でケリがつく類のものばかりではなかったかもしれません。今ほど警察の機能が強くなく、社会の治安維持能力が低かった時代には、経営者と労働者の闘争は今では想像もつかないほど血なまぐさい、惨劇を伴っていたと想像されます。ミルよりはもう少し後の時代ですが、有名なシャーロック・ホームズのシリーズにある『恐怖の谷』の中で作者のコナン・ドイルは、19世紀後半のアメリカの炭鉱町における壮絶な恐怖と殺戮の様子を描いています。そこではもはや、経営側との戦いは、殺人集団となって街を支配する秘密結社によって行なわれていました。そしてそれは単なる創作ではなく、対応する事実に基づいたものであったことが知られています。

アダム・スミスには必ずしも予見できなかったこと、あるいは可能性として考えてはいたけれども、それがもっとも悲劇的な形で実現してしまったのが当時の資本主義でした。そしてそれを放置すれば、資本主義は打倒され、別の体制にとって代わられる危機に直面していたのです。その中にあってジョン・スチュアート・ミルは、それを放置することなく、政府の役割を丁寧に見直す研究を行なわずにはいられませんでした。そして実は、政府の果たすべき役割が時代を通じて変わるという重要な論点を主張したのは、まさにアダム・スミスその人だったのです。

## 政府の必然的機能

さて、ジョン・スチュアート・ミルはまず「政府の必然的機能」から始めます。これは彼によると「習慣的に、かつ異議を受けることなしにすべての政府によって行なわれているもの」です。つまり、これらが政府の役割であることについては、ほとんどの人の間で合意が得られるのではないかと思われる機能です。具体的には、個人の財産の保護や暴力・詐欺の制止、相続の保証といったまさに「夜警国家」としての役割です。これに加えて、貨幣の鋳造や課税、そして「それが一般的利益にかなう限りにおいて」というただし書き付きで、道路、港湾、堤防などの建設・改良といった公共事業を挙げています。

ここまでのところは、アダム・スミスとほぼ同じです。つまり当時の経済学の世界では、スミスが主張した政府の役割については、最低限のものとして、それに反対する人はまずいないと考えられていたようなのです。とはいえ、合意できる部分が何であるかから始めるのは、議論の進め方として実に理に適ったものだと思います。

## 誤った学説に基づく政府の干渉

次にミルは、逆の必然、すなわちどんな状況のもとでも政府がするべきでないものを列挙します。彼自身は政府の必然的機能に加えて、政府の役割を拡大して考えていくつもりなのですが、そうだとしても「これはやってはいけない」という機能をはっきりさせておこうというわけです。これには、国内産業の保護、利子の制限、価格の規定、独占権の付与などが挙げられています。要するに市場のメカニズムの有効な機能を阻害するような介入は、決してするべきではないというのが彼の考えのようです。この点において、ミルはまさに古典派経済学者であり、アダム・スミスの申し子であるわけですね。

しかしそれだけではありません。以上に加えてさらに、労働組合結成の禁止、思想の自由の制限が挙げられているのです。誤解のないように読んでください。「政府は労働組合の結成を禁止してはならない」「政府は思想の自由を制限してはならない」とミルは言っているのです。これはまさに彼の時代、彼に目の前にあった問題に対して、このように主張しているわけですね。

特に労働組合に関しては、一種の独占、カルテルに結びつくものとして、労働市場における価格メカニズムを阻害するものであるという認識（賃金の下方硬直性をもたらす）は、今日の市場重視の経済学にもあります。産業の保護や独占権の付与を禁止する一方で、「労働組合の結成」に関してはそれを容認するジョン・スチュアート・ミルの心情というのが、まさに当時の弱者に対する時代状況を反映しているのだと思われてならないのです。

# 政府の干渉に対する反対論

次はさらに、なぜ人々は政府の干渉に反対したがるのかを論じます。この辺のミルの議論展開はなかなか周到です。政府の役割をこれまでよりも拡大しようとすると、必ず反対する人々がいることがわかっています。そこで、反対する人々の論点を、それはそれで受け止めようというのです。

まず第一に「干渉そのもの、あるいはそれを維持する基金の徴収の強制的性格」を挙げています。とにかく政府が干渉することそれ自体が嫌いだ、という人々は確かにいます。税の徴収などに見られる政府権力がもつ強制的性格が、その嫌悪感の原因と考えられるわけですね。そしてそのようなことをひとたび容認してしまうと「政府の権力、および影響力の増大」が生じるといいます。歯止めをかけることが難しくなってしまうことを恐れているわけですね。

それだけではありません。政府の役割が大きくなると、当然、「政府の業務、責任の増大」が生じてしまいます。ただし、それが困ったことになるのは、多くの場合「政府の組織が拙劣であることによる」とも言っています。それは改善の余地のあることなのです。とはいえ、「政府事業は、多くの場合私営のものより効率が劣る」という点も指摘しています。なるほど、コストを極力削減しようとする民営企業に対して、「予算を使い切らないと、来年もらえなくなっちゃう」と考える地方自治体、というイメージをもっている人は少なくないでしょうね。

そして最後の決定打は、政府があれもこれも手取り足取り手を出すと「人々から公共心や能動性を奪ってしまう」ということを指摘しています。いずれも手強《てごわ》い論点だと思います。20世紀に入って以降も、さまざまな角度から指摘されてきたことばかりです。現代においても、政府の役割について論ずるのであれば、これらの論点をやり過ごすことはできないでしょう。

## 政府の随意的機能

さて、以上を踏まえてジョン・スチュアート・ミルは、最後に「政府の随意的機能」というものを列挙します。これは、おそらく反対する人もいるかもしれないという意味で必然的なものではないのだけれど、その時の状況にかんがみて「政府がやった方がいい」と思われる機能のことです。

まずは「初等義務教育」を主張しています。しかも、その理由が振っていて「教育がより必要な者は、通常それを欲しない者である」というのです。筆者の教え子の大学生たちにぜひ読ませたいですね（!）。

また、「児童、青少年、下等動物の保護」も政府の役割としていて、その理由は「自分で判断する能力をもたない」からであるとしています。当時おそらく、過酷な児童労働が蔓延していたと想像されますが、その保護を政府の役割として主張したわけです。ちなみに興味深いのは、女性は保護の対象にはなっていないことです。なぜなら、女性は自分で判断する能力をもっているからだというのです。女性が虐げられているのは、判断力がないからではなく、社会の制度がまずいからだといいます。この辺は、女性解放思想の旗手でもあった彼らしい論点ですね。判断力の欠如という点では「永久契約拒否の保証」も政府に求めています。これ、離婚のことですね。自分の経験に照らして……でしょうね（!）。

続いて「公共的事業」も政府の役割に加えています。これは必然的機能にもありましたが、それらに加えて、もし政府でも同じく効率的に運営できるのであれば、そして民営の方が良くても、誰もそれをしようとしないケースであれば、それを政府が行なうことをもっと認めてもいいのではないかというわけです。

次に興味深いのが「労働時間の短縮」について、これを政府の役割として音頭を取れと言っています。というのも、自分の工場だけが労働時間を短縮すると、そうでない企業に遅れを取ってしまいます。すべての企業が同じことを考えると、労働時間の短縮は一向に進まないだけでなく、逆のプロセスを通じて、むしろ労働時間を長くしてしまうような過当競争が生じてしまいます。そういうケースでは、政府が強制力をもって「一、二の三！」で一斉に短縮しないとうまくいきません。これはまさに今日のゲーム理論の教科書に出てきそうな論点を先取りして述べています。

さらに政府の役割は「救貧」にまで及びます。もちろん、それが「各自の自助の念を損なわない程度において」という但し書き付きではあります。しかし、その理由は興味深く、一つには、民間の自由意思に基づく慈善は、過大であったり過少であったりすることを指摘しています。そして二つ目は「罪人が扶養される以上、罪を犯さない貧民に同じことをしないと犯罪の奨励になる」というのです。見事な論点ですよね。政府は最低限、刑務所と同じ水準以上の暮らしを人々に保障するべきであって、そうでないと、食べるのに困ったら犯罪を犯して刑務所に入った方が良いことになってしまうのです。それでは政府が犯罪を奨励しているのと同じだというわけです。これも今日の経済学の教科書に「インセンティブ」なんていうカッコいい言葉で出てくる論点の先取りですね。

そして最後に「科学的、地理的発見のための研究、航海の助成、奨学金」を挙げています。それが重要であるにもかかわらず、人々がまだ十分な関心を払っていなかったり、重要であるにもかかわらず、それに対して十分な報酬がなかったりする場合には、政府がこれを助成するべきだと言っているのです。読者のみなさん、これ覚えていますか？　第2章で取り上げた「外部経済」のケースにおける補助金を政府の役割だとしているのです。これも現在に通じますね。

## 重要なのは注意深い見直し作業

いかがですか？　おそらく読者のみなさんの中には、拍子抜けした人もいるのではないでしょうか。政府の役割の拡張といいながら、これだけか……。ある意味ではその通りです。そこには今日であれば政権維持に欠かせない「景気対策」という考え方は微塵もありません。また積極的な所得の再分配を伴った現代の福祉国家像もありません。

とはいえ、時代は１８４８年です。アダム・スミスの主張は、それを引き継いだ経済学者たちによって「自由放任主義」という金科玉条のドグマになり、厳然と君臨していました。しかし、それがもたらしている悲惨な現実に目を向け、アダム・スミスの経済学を引き継ぎながらも、現実への対処を注意深く論じなければならなかったジョン・スチュアート・ミルの誠実さこそが重要なのだと思うのです。

アダム・スミスは、いわば市場のメカニズムがうまく機能するための「良い舞台づくり」を政府の役割と考えました。そして、政府は基本的には「大道具さん」に徹するべきであって、舞台上で起こっていることには介入するべきでないとしたのです（ただし、非常に注意深くです）。

しかし、時代がもう少し進んで、いろいろな問題のある症状が現れてきた資本主義経済においては、政府はその舞台上で起こったことの結果に関してもっと積極的な補正をすることが求められている——。ミルはそう言っているような気がします。

そして何よりもミルは、それまで古典派経済学では、まるで逃れられない自然法則でもあるかのように論じられていた富の分配問題を、人為的な問題、つまり社会の法や慣習、そして何よりも社会で優勢を占める人々の意見と心情に依存する問題であることを明確に論じたことにおいても知られています。いわば、古典派経済学を集大成しつつ、そこから逸脱していくわけですね。真に偉大な学者とはそういうものだと思います。

※引用：ジョン・メイナード・ケインズ「自由放任の終焉」『説得論集』所収、宮崎義一訳、東洋経済新報社より

## 2

# 個人の権利とその制限

「あのう、大きさにはこだわらないんですけど」

アリスは急いで答えました。

「ただ、しょっちゅう大きさが変わると、ほら、困るでしょう？」

ルイス・キャロル『不思議の国のアリス』

かつてイギリスでは、保守党と労働党が政権を争うだけでなく、どちらかが勝利する度に企業が国営になったり民営になったりしました。アメリカでも民主党と共和党の対立の少なからぬ部分は、「大きな政府」と「小さな政府」の選択にかかわりがあります（ということになっています!-)。もっとも昨今では、その主張が票獲得のための「全方位外交」のごとくであり、演説を聞いただけではどちらの党だかわからないこともままありますが……。とはいえ、われわれにとって本当に必要なことは、何が何でも「小さな政府」を喧伝することでも、むやみに「大きな政府」をただ謳うだけでもなく、「市場のメカニズムが放っておいてもできないこと」と「政府のやるべきこと」を常に見極めることに他ならないのです。そう、まさにアリスが言っている通り、問題は「大きさ」ではないのです。

この問題を考える上で重要だと思われることは「そもそも対立している究極の考えは何なのだろう?」ということです。例えば「大きな政府」を支持する人は、何も大きな政府それ自体が好きで好きで仕方がないわけではないでしょう。それは彼・彼女にとって、もっと大事な何かを実現するための手段のはずです。同じく市場メカニズムの効率性を強調してやまない人々も、市場というもの自体を愛しているわけではないと思うのです。やはり彼・彼女が実現したい何らかのものにとって、それが良い手段になっているのではないでしょうか。

## リバータリアニズム——絶対不可侵の権利とは?

筆者が考えるその究極の「何か」とは「自由な個人の権利」です。政府の役割について考える時に、対立しているのはこの個人の権利とその制限に関するものではないかと思うのです。私腹を肥やすことしか考えていない〝カネの亡者〟であるとしても、少なくともその建前となるのはこれなのではないでしょうか。もちろん、もっともっと高尚な視点から、それぞれを思想的に支持する人々もたくさんいることは言うまでもありません。いずれにせよ一方の極には、この個人の権利を最優先かつ絶対不可侵なものと考えるグループがいます。もちろん現代の社会であれば、個人の自由や権利が尊重されるべきものであることに反対する人はほとんどいないでしょう。この一方の極にいる人々は、それがあらゆるものに優先する、もっとも大事なものだと考えます。この考え方は「リバータリアニズム」と呼ばれています。

特にヨーロッパの歴史を振り返ると、圧倒的な力をもった王権と教会から、個人が自由と権利を勝ち取ってきたプロセスは、筆舌に尽くしがたい凄惨な戦いでした。しかし、ヨーロッパの社会にはそれでも階級がありました。したがってある意味では、最後にそれらが花開いた楽園だったのがアメリカなのかもしれません。ヨーロッパのように貴族階級を示す称号の存在しないアメリカ社会においては、さまざまな人々がこの新しい社会の中では同じ足場に立っていると感じられたのでしょう。ヨーロッパの社会と違って、貧困の中に身を起こして成功したビジネスマンは、土地やその他の富を相続した人間と比べて、何ら劣っていないと認められるのです。ジョージ・ワシントン（1732〜1799）やアンドリュー・ジャクソン（1767〜1845）のような、戦争の英雄になれる人はそうそうはいません。ノーベル賞受賞者やハリウッド・スター、メジャー・リーガーになるのも簡単ではないでしょう。そうだとすれば、同じ足場に立っている仲間たちの中で、経済的・物質的に成功することは、同胞市民からの目覚ましい注目を惹くほぼ唯一の手段なのだと思います。そう考える人々にとって、個人の自由と権利、自分が勝ち得たと信じているものへの支配権こそは、最優先かつ絶対不可侵のものなのでしょう。

しかし、そのように考えると、リバータリアニズムというのは、今日の自由市場を中心とする資本主義の原理的思想の一方の極であると同時に、実はきわめて「アメリカ的」な考え方だともいえます。ただし、戦後の日本も含めて「アメリカ的なもの」の影響力はきわめて大きく、特に経済制度やビジネスの在り方に関しては、世界的な覇権を握っているといっても過言ではないのです。

## 「神の見えざる手」の一人歩き

もちろん、個人の自由と権利を最優先に重要視するというのは、それが他の人々の自由や権利を侵害しない限りにおいてであります。してみると、リバータリアニズムにとって、個々人の自由の追求は闘争状態や混沌としたカオスではなく、社会全体としても調和と望ましい状況を実現するという教義は、何にもまして強力な武器となるはずのものです。そしてまさにそれこそ、アダム・スミスが（慎重な言葉遣いによってではありましたが）主張したことに他なりません。アダム・スミスの『諸国民の富（国富論）』が出版された1776年が、まさにアメリカ独立の年であるのは単なる歴史的偶然ではないでしょう。

ただし、個々人が利己心（なお、「利己心」の原語は self-interest であって、egoism ではありません）に基づいて行動すれば、それが「神の見えざる手」に導かれて社会的にも調和したある種の望ましい状態が実現するというアダム・スミスの教義は、一つのドグマとなっていきました。それは、科学というよりは「神学」に近いものだと思われます。実際、「見えざる手」という標語を物知り顔で使いたがる評論家のほとんどは、アダム・スミスなど読んだこともない人ばかりです。アダム・スミスの教義を真っ先にありがたがったのは、当時の新興産業家でした。すでにさまざまな問題が起こりつつある中で、それを改善しようとする政府の試みを排除するための理論的正当化として好都合であったのが、まさにアダム・スミスの教義でした。そこから「見えざる手」の長い長い「一人歩きの旅」が始まったのです。

ちなみに、これもアダム・スミスの教義とセットで用いられる「自由放任（レッセ・フェール）」という言葉は、それがフランス語であることからわかるように、アダム・スミスのものではありません。これはフランスの「重農主義」と呼ばれる経済学派の教義でした。この言葉は本来、さまざまな文脈で異なった意味をもつのですが、いつしか自由な市場メカニズムのもたらす成果と同一視されるようになりました。あらゆる政府の介入を排除し、自らのビジネスに都合の良い規制の緩和を求める材料として用いられるようにもなったのです。

　個人の自由や権利は、神が与えたもうた、生まれながらの授かりものであり、その行使を通じて社会が調和するのも「神の見えざる手」によるものだとすれば、それはもはや「神学」そのものですね。現代の経済学はそのことを証明したのだと思う人がいるとすれば（そう信じている経済学者もいるようですが）、その人は間違っています。何らかの科学的な意味において、決して証明などされたことはありません。それは今でも神学であり続けています。そのことを決して忘れないでくださいね。

## 社会民主主義──社会的厚生への配慮

「自由人にとって国とはそれを構成する個人の集まりであって、個人以上の何ものかではない」

ミルトン・フリードマン『資本主義と自由』

　世間では、1980年代（正確には1979〜1990）イギリスの首相であったマーガレット・サッチャー（1925〜2013）の言葉、「社会というものは存在しない。個々の男女とその家族がいるだけだ」が知られているようですが、フリードマンは1962年に出版された自著で同じ発想のことを述べています。なるほど、彼ら・彼女らの思想を端的に象徴する言葉だと思います。人間が社会的な存在であることを否定し、社会を離れて「個人」なるものが存在し得ると考えているのですね。きっとフリードマンやサッチャーにとっては、オリンピックの中継を見ても、自国の選手を特に応援する理由はないのでしょう(?)。

さて、他方でリバータリアニズムと対峙する立場にあるのが、社会全体の厚生のためには、個々人の自由や権利を多少なりとも制限することを認める考えです。そこでの「社会」というのは、血縁から地域共同体、国家、あるいはそれを超えたものとさまざまであり得ます。この考え方はいわゆる「功利主義」とはイコールではないのですが、社会全体の厚生という時に問題とされているのは、やはり「幸福の総和」であることが多いでしょう。適切かどうかはともかくとして、当面これを「社会民主主義」と呼ぶことにしましょう。いわゆる福祉国家を支持する考え方も、これに含まれます。

この考え方では、個人の自由や権利は尊重されるとはいえ、最優先とは限りません。ある意味では、社会全体の厚生が個々人に優先する場合を認めます。そのために、個人の自由や権利が一部制限されることも認める立場です。その制限を行なうのは、必ずしも政府である必要はないのですが、多くの場合、政府が担うのが一般的です。ただし、この考え方も程度問題です。社会全体の厚生のためには、個人の自由や権利を一切顧みないという考え方を極端に推し進めれば、それはいわゆる全体主義や戦時独裁体制のようになってしまいます。

それが思想や社会哲学に関するものである以上、ある程度までは「好み」の問題にならざるを得ません。とはいえ、このような問題を考えるにあたって、両極端を想定して「リバータリアニズム vs. 社会民主主義」といった図式を掲げることは必ずしも有益でないと思います。

## 個々人の自由の社会的帰結

問題はこうです。個人の自由や権利が尊重されるべきであることについては、ほぼ合意があるでしょう。そしてバリバリのリバータリアンも認めるのは、それが他の個々人の自由や権利を侵害しない限りにおいて、ということです。だとすれば、考えるべき問題は、「個々人の自由な行動は社会的な調和をもたらすのだろうか」ということです。そう、まさにアダム・スミスの教義を注意深く再検討することです。それが何らかの望ましくない状況を引き起こすのであれば、個人の自由の行使は他の個人の自由を侵害しているのであり、リバータリアンといえどもそれは認められないはずです。すでに述べたように、この問題が経済学の教科書の中で解決していると考えることはできません。市場メカニズムの効率性は、決して証明された命題ではありません。それは前提であって結論ではないのです。もしそれが「証明されているのだ」という人がいたら、それはその人の「信仰」を告白しているに過ぎません。何しろ「神の見えざる手」が本当に働くのかどうかに関する論争ですからね。

それに加えて、経済学にも明らかに「流行」があることを認めてもらう必要があります。ホントですよ！　沈着冷静でお勉強ができる人の代名詞であるはず大学教授は、明らかに、その時の時流に流されます。流行の分野でないと学位が取りにくく、業績としても認められにくいものです。時流に乗らないとテレビに呼ばれることもまれで、政府の委員会からも声がかからないでしょう。少なからぬ学者が、学位を取るために、手っ取り早く業績を上げるために、テレビに出るために、政府の委員会に呼んでもらうために、微妙な方向選択をしてきました。一人ひとりの方向選択の歪みは微妙でも、ネットワーク外部性（覚えてくれていますように！）によって、それは支配的・権威的思想となり、新たに加わる人はまた一人、生きていくためにそれに追随するのです。どこかの大学への就職が望みである若い研究者が何を選ぶか、読者のみなさんにも想像がつくのではないでしょうか。

だからこそ、信仰でも学会の権威でもなく、市場メカニズムのなし得ることと、なし得ないことを虚心坦懐に解き明かしていく必要があるのです。そう、本章の第1節でご紹介したジョン・スチュアート・ミルが、１８４８年にしたように。

※引用：ルイス・キャロル『不思議の国のアリス』河合祥一郎訳、角川文庫より
※引用：ミルトン・フリードマン『資本主義と自由』熊谷尚夫、西山千明、白井孝昌訳、マグロウヒルより

# 3 市場メカニズムへの信仰

「まだデータがないよ。データがないのに、りくつをつけようというのは、とんでもないまちがいだ。そういうことをすると、事実にあう説明を見つけるかわりに、さきにつくった説明にあうようにと、事実をまげてしまうことになるんだ。……」

コナン・ドイル『ボヘミアの醜聞』

「すると、きみの意見だと、正体不明の脅迫も、秘密結社も、〈恐怖の谷〉も、マクなんとかいう親分も、なにもかも、なかったということになる。なるほど、おもしろい。ひじょうに単純明快な意見だ。……」

コナン・ドイル『恐怖の谷』

ご存じ、シャーロック・ホームズのシリーズからです。いずれもホームズが相棒で親友のワトソンに向けて言った言葉です。

事実に合う説明ではなく、理論に合わせて事実を曲げてしまう……現代の経済学にこそ向けられるべき戒めではないでしょうか。そして、外部性も、情報の非対称性も、合成の誤謬も、貨幣も、予想の自己実現もないことにしてしまえば、それはそれは単純明快な理論が出来上がることでしょう（！）。

それに対して本書ではこれまで、市場のメカニズムのもつ欠陥について、さまざまなことを述べてきました。まさに外部性や公共財、調整メカニズムの問題、情報の非対称性、合成の誤謬、そして予想の自己実現などです。いずれのケースにおいても、市場メカニズムは放っておいたら、社会的な調和状態をもたらしません。むしろ、必要なのに供給されなかったり、必ずしも優れていないのに独占的地位を得たり、質の悪いものが市場に残ったり、一人ひとりについて正しいことが社会全体ではその通りにならなかったり、バブルが生成して崩壊したりします。

市場のメカニズムにはこれに加えて、これまで十分には論じてこなかったもう一つの大きな欠陥があります。それは第3章で若干言及したことなのですが、市場のメカニズムはしばしば経済の生産能力（キャパシティ）を十分に使い切ることができないという欠陥です。これは、いわゆる景気後退のことですが、その程度に応じて不況、恐慌、パニックとなり得るものです。そして、そのことの結果として、多くの人が仕事から放り出されて失業者となります。

しかし伝統的に主流の位置にある経済学は、主に二つの理由でこれを否定します。一つはそもそもそのようなことは起こり得ないという主張です。そしてもう一つは、それが起こったとしても、政府に何かができるわけではなく、放っておくのが一番だという主張です。以下、順にこれらを見ていきましょう。

## 当たり前ではない「セイの法則」

まず最初の「起こり得ない」という主張から見ていきましょう。これは「セイの法則」と呼ばれるものに依拠しており、この法則は長らく経済学の主流派に君臨してきました。これはジャン＝バティスト・セイ（1767〜1832）というフランスの経済学者によって提唱されたものであり、彼はアダム・スミスの大ファンで、強烈な自由放任主義者でした。

セイの法則は通常「供給はそれ自らの需要を生み出す」などと表現されます。実は最大の問題は、この命題が何を意味しており、なぜそのようなことが成り立つのかをめぐって、著しく混乱が生じていることなのです。特に、定義的な関係（第5章でやったような必ず成り立つ当たり前の関係です）を通じて、いわば恒等式としてそれが成り立つのか、はたまた、ある種の調整メカニズムを通じて成り立つのか、どの本を読んでもよくわからないのです。いろんなところで、いろんな人が、いろんなことを言っているのです（！）。

ある場合には、物々交換経済を前提とした自明の理として主張されます。つまり、物々交換では供給と需要は常にセットですよね。ということは、「供給のない需要」も「需要のない供給」もあり得ないことになります。交換が終わった時点では確かにその通りですが、それは経済全体の活動水準とは関係ないですね。

次に主張されるのは、生産すれば、そのために支払われた生産費用は必ずそれにたずさわった人々の所得になる、という論点です。原材料の代金だろうと、労働者への賃金だろうと同じです。生産はそれと同額の所得を生み出すのであり、それが需要の源泉に他ならないというわけです。

でも、その所得を受け取った人が、それを使わずに貯蓄してしまったらどうするんだ？と食い下がる人もいるでしょうね。しかし、貯蓄はいずれ支出されるというのです。貯蓄は、おカネを貯めて何か大きなものを買う（これを投資支出といいます）ためにするのだから、それは結局使われることになるのだといいます。いや、使われない貯蓄だってあるんじゃないの？　とさらに食い下がれば、その場合には、物価が下がる（?:）ことを通じて所得自体が小さくなるから、結局、需要総額は所得総額に等しく、したがって供給総額に等しくなるのだというのです。最後の議論は少し訳がわからないだけでなく、明らかに物事を調和へと導く調整メカニズムが働くことが前提となっていますね。もはや、定義に基づく自明の関係ではなくなっています。

「セイの法則」に関して、セイ自身が本来何を述べたかったのかは、ここでは重要ではありません。それはあくまで学説史としての興味対象です。むしろ、現代も含めて後の経済学者にとって「セイの法則」とは何であり、彼らがそこからどのような理論モデルや政策提言を導き出したか、これこそが重要なのです。そしてそれを一言で言えば、「経済全体で需要不足ということはあり得ない」ということになります。そう、その結果、冒頭で述べたような市場の欠陥、すなわち、経済の生産能力を十分に使い切ることができないことによる不況や失業といったことは「起こり得ない」ことになるのです。

## 「セイの法則」は前提であって、結論ではない

アダム・スミスの後継者たちは、まさにこの「セイの法則」を支柱として、市場メカニズムの万能性を示す経済学を打ち立ててきました。現在のミクロ経済学の基本部分を形成している新古典派経済学も、均衡モデル、すなわち計画された生産量（供給量）が需要量と常に

等しい状態を分析の対象とする点において、その延長上にあります。「セイの法則」という言葉はあえて使われなくなりましたが、やはりそれを前提としているのです。ですから、そのモデルを使って経済全体の需要不足や不況を説明することはできません。

では実際のところどうなのでしょうか? 「セイの法則」を前提とすることは、現実経済の分析において理に適ったことなのでしょうか? それは先ほど述べた「セイの法則」のさまざまなバージョンによるのではないでしょうか。

まずは、物々交換経済を前提とした自明の理というのは、現代の社会においてはナンセンスです。われわれの暮らしている経済は物々交換経済ではないからです。

それなら生産過程によって生み出された所得は、必ず支出されるというのはどうでしょう。貨幣を用いる経済においては、人々は所得を貨幣で受け取り、貨幣それ自体を保有しようとします。モノを買うため、支払いをするためだけでなく、急な出費に備えるためにも貨幣をもちます。それらはいつかは使われる、というのは確かですが、いつの時点においても一定量が貨幣それ自体を保有することに向けられています。少なくともそれらがすべて余すことなく貸し出されて、必ず支出されるとする保証はありません。そして、最後に何らかの調整メカニズムが働くことで、やがては生産総額が需要総額に等しくなるのだというのであれば、それは論証しなければならないことを単に前提としているに過ぎないでしょう。

つまり「セイの法則」は、良くて分析の前提であり、そうでなければ非現実的であるに過ぎないと思います。要するに証明された結論ではまったくないのです。そう言うと、「不均衡」などというものをモデル化するのはとても難しいのだから、需要と供給が等しくなる均衡分析を用いるしかないのだ、という経済学者が出てきます。でも、それってこっちの都合ですよね。不均衡はモデル化するのが難しい、というのがその通りだとしても、だから現実は常に均衡しているのであり、市場メカニズムは常に信頼に値するのだとなってしまえば、それは本末転倒のご都合主義でしかありません。

実際、19世紀が過ぎて行くにつれ、さらに20世紀の前半になると、頻繁に――１９０７年、１９２１年、そして言うまでもなく１９３０～１９４０年に――パニック、恐慌、不況、景気後退（どう呼ぶかはともかく）などと呼ばれる現象が繰り返し現れました。それは失業と一般的な絶望状態とを伴う恐ろしい現象であり、それらが「セイの法則」と両立するとはおよそ考えられませんでした。

そして自分以前の経済学を「セイの法則」を前提とするものとして拒否し、それにとって代わる「貨幣経済の理論」「有効需要の原理」を打ち立てたのがジョン・メイナード・ケインズだったのです。

## 陰鬱な科学——宿命論的な「放っておくしかない」

政府による市場への介入に否定的な二つ目の見解は、経済において何やら困ったことが生じ得ることは認めるにしても、政府によってそれを改善することができるわけではないというものです。放っておくしかない、または放っておく方が良いと考える一派です。「放っておくしかない」派は、いわば不可知論や運命論的な考え方で、それはまるで、市場とは自然法則のように人知の関与し得ないメカニズムなのだという立場です。「放っておく方が良い」派は、いわばデトックス的な考えに基づいて、そうすることでかえって経済全体が浄化されるという立場です。後でご紹介するように、これには粛清《しゅくせい》主義、社会進化論などが関係していますが、その背後には基本的に市場を中心とした経済のメカニズムそのものへの〝信仰〟があるように思えます。

「放っておくしかない」派の比較的初期の経済学者には、人口論で有名なトーマス・ロバート・マルサス（1766〜1834）がいます。彼は当時の「救貧法」（とは言っても、今では想像もできないくらいわずかばかりのものでした）に積極的に反対をしました。彼はイギリス国教会の牧師であり、決して慈悲のかけらもないような冷たい人だったわけではありません。ただ、彼や彼の同時代の経済学者——その代表にデイヴィッド・リカードが含まれます——

にとって、経済法則とは自然法則と同じようなものであり、そこから生じる悲劇があったとしても、それは地震などの災害によるそれと何ら変わりなく、われわれ人類にとって避けることのできないものでした。

マルサスによれば、人口は食糧によって制約されます。しかし、ひとたび食糧に余裕ができると、人間は倍々ゲームで増えていくと考えます。これに対して食糧生産は人間が子供を産むようには増えないと言うのです。その結果、食糧の不足、そして食糧価格の高騰（これは賃金で買えるもの＝実質賃金の低下を意味します）によって、栄養不足、疾病などが蔓延《まんえん》し、やがて人口の増加には歯止めがかかることになります。つまり、実質賃金は生存にギリギリの水準より上に上昇することができないことになりますね。上昇すると、今言ったようなメカニズムが直ちに作動するからです。

それを避けたければ、子作りを抑制するべきなのでしょうが、マルサスは結婚した男女にそれを期待することはできないと考えました。おまけに産児制限のようなものは道徳的に受け入れがたいと考えていたようです。ということは、人口を抑制するメカニズムは、戦争や疫病を別とすれば、飢えと餓死しかないことになるのです。そうすると、いくら政府が救貧に力を入れても、それは人口を増やす圧力を強化するだけであり、待っているのは飢えと餓死しかないのだ、ということになるわけですね。救貧法は貧者を救うどころか、貧困を奨励し、あるいは生み出しさえするのだ、と言うのです。

マルサスと同時代のリカードもこの考え方を受け入れました。そしてさらにリカードは、時代が進むとともに食料の生産性が低下すると考えました。それはだんだん肥沃《ひよく》度の低い土地を耕さなければならない羽目になっていくからです。そうするとやがて利潤は低下、消滅し、人類は生存水準ギリギリに停滞したまま静止状態にとどまってしまうと主張しました。そしてそれは当時、圧倒的な説得力をもったのです。これを受けて作家のトーマス・カーライル（1795～1881）は、経済学を「陰鬱な科学（dismal science）」と呼びました。

もちろんマルサスやリカードは、食糧生産における技術進歩や、経済的に豊かになると少子化が生じる傾向などについては、必ずしも適切に評価できていなかったようです。しかし、ここでの議論の本質は、経済法則、とりわけ所得分配にかかわるそれが、あたかも逃れがたい自然法則のように論じられていることとです。アダム・スミスの後継者として市場のメカニズムに大きな信頼を寄せている一方で、長期的には手の施しようのない宿命論を組み合わせることで、政府の介入の余地はほとんどなくなってしまったのです。この章の始めにご紹介したジョン・スチュアート・ミルのわずかな抵抗もむなしく、この考え方自体は微妙に形を変えながらもそれ以降の経済学に浸透しているように思えます。

## むしろ放っておく方が良い！

いや、「むしろ放っておくことで一層良い状態がもたらされるのだ」という、より積極的な主張もあります。これは不可知論や宿命論ではなく、むしろ〝粛清主義〟ともいうべきもので、市場メカニズムにおける競争原理を非常に（筆者は「非情に」と言いたいところですが）高く評価している人々の考え方です。そしてこの考え方も、現代においてあからさまに主張するのは憚《はばか》られるのか、言葉や言い回しを変えてではありますが、それでも根強くある意味では強力に生き続けています。

1929年10月に、いわゆる世界大恐慌が始まった時、当時の主流派の経済学者はそれを傍観していました。不況というのは、たとえそれが未曽有の大不況であっても、見送って待つしかないものだったわけです。しかし、それにとどまりませんでした。

代表的な例として、当時大変な影響力をもっていた二人の経済学者は、むしろ「何もすべきではないのだ」という積極的な主張を繰り広げました。一人はハーバード大学のヨーゼフ・シュンペーター（1883〜1950）であり、もう一人はロンドン・スクール・オブ・エコノミックスのライオネル・ロビンズ（1898〜1984）です。特にシュンペーターは、放置する以外に治癒の方法がないだけでなく、そもそも大不況の原因は経済システムに累積した毒のせいであり、このひどい不況によって、その毒が押し出されることで経済が健康を取り戻す、と主張しました。回復は常にひとりでにもたらされるだけでなく、彼の言葉を使えば「そればかりではない。われわれの分析の結果、ひとりでに回復する場合にのみ回復は健全であることをわれわれは信じるに至った」のだそうです。

こうしてみると、当時の大統領ハーバート・フーバー（1874〜1964）は、大恐慌に対して積極的な対策を行なわなかったことであまり良い評判が残っていないようですが、実は当時の支配的な経済学の考え方を実践していたに過ぎないのかもしれませんね。

## 構造改革という名の粛清主義

筆者はこのような考え方を「粛清主義」と呼んでいます。もちろん粛清は人為的に行なわれるのではなく、競争メカニズムがそれを行なうのです。ではそれらは当時に支配的だった、というだけなのでしょうか？　そうではありません。さすがに不況に苦しんでいる人々を、経済システムに累積した「毒」だなどと言うことは、今日的な感覚からすれば憚られるでしょうね。でもそれは言葉を換えて生き続けているのです。それは「構造改革」です。

景気が悪くなった時に、今日の政府は何もしないというわけにはいきません。いやでも、それを放置すれば政権を維持することはできませんから。でも、政府がそれをしたくない時、あるいは政府の力だけでは負担が大き過ぎると思われる時には、必ずこの言葉がセットになって登場します。「構造改革をしなければ！」。

これを聞いて、具体的に何をすればいいのかが、直ちに思い浮かぶ人はあまりいないのではないでしょうか。多分言っている人もあまりよくわかっていないと思うのです。でもそれが意味するのは、「政府にばかりに頼ってはならない」「景気が悪い原因は無駄や非効率が累積しているからだ」「それを正して、シェイプアップしなければならない」です。ほらね、だんだんシュンペーターが言っていることに似てきたでしょう？

必要なのは政府の景気対策ではなく、無駄を省き、コストを削減し、生産性を上げるのだ、そのためには「リストラ」という名の解雇も不可避なのだ、と言っているのです。景気が悪いのは、経済に「毒」があるからだ、という考え方はしっかり生き続けていると思います。

しかし、その時に「毒」として放り出されるのは労働者であり、中小の下請企業である場合が多いのではないでしょうか。少なくとも、重役室でソファーに座っているCEOの信じられないほど高額な給料が「構造改革」されることはあまりないように思われるのです。

2016年9月4〜5日に中国・杭州で開催されたG20サミットでは、「強固で、持続可能で、均衡ある、かつ、包摂的な成長を達成するため、すべての政策手段――金融、財政及び構造政策――を個別にまた総合的に活用」することの「合意」がなされました。積極的な政府の役割としての「財政政策」が言葉としてあえて取り上げられているのは注目に値しますが、それを好まない政府は個別に「それを行なわない自由」が担保されているのでした。

この背景には、それに先立つ2016年5月、日本の安倍晋三首相がヨーロッパを歴訪した時、彼は経済政策における財政出動の必要性を説いたのですが、イギリスのキャメロン首相（当時）とドイツのメルケル首相は、財政規律の重要性を盾《たて》に、事実上これを拒否したことがありました。必要なのは政府支出ではなく、まずは民間の「構造改革」だというロジックです。もちろん、「構造」とは何であり、具体的に何をどうするのかについては何も言及されていないままです。政府が何もしないことを正当化する、本当に便利な言葉だと思います。そしてすでに述べたように、表現こそ違え、それには長い歴史があるのです。

## 社会進化論──適者生存は〝理〟なのか？

粛清主義の考え方は「社会進化論」と呼ばれる考え方の後裔《こうえい》（子孫）でもあります。それはいわゆる生物学における進化論の考え方を、そのまま社会現象に適用する発想ですが、後にチャールズ・ダーウィン（1809〜1882）自身もこの考え方に影響を受けることになります。これを提唱したイギリスの社会学者であるハーバート・スペンサー（1820〜1903）の本は、アメリカで何十万部も売れたそうです。「適者生存（survival of the fittest）」

という言葉は、ダーウィンによるものではなく、このスペンサーによるものなのです。

いずれにしてもこの考え方によれば、貧しい人や適者生存の〝理〟によって生き残れない人々が死ぬことは、種としての人類を改善する自然なやり方であることになります。もちろん政府なんぞが、それに介入することなどすべきではないし、不可能だというわけです。スペンサーの言葉をそのまま引用すると「最低の発育しかできない者を雑草として取り除くことにより、また、残る者を経験の規律に絶えずさらすことによって、自然は、生存の条件を理解すると同時にそれに従って行動することのできる人種の成長を確保するのである。この規律を少しでも停止することは不可能である」だそうです。

さすがにこのような考え方は、「適者生存」という言葉そのものとともに、今日ではあからさまに表明されることはなくなりつつあります。しかし、それは決して消えたわけではありません。政府の介入を排除したい時、困窮している人々の前を無視して通り過ぎる時、これに類するような考え方は、その人に格好の口実を与えてくれるものです。粛清主義も構造改革も、いわばそのれっきとした血縁なのです。

筆者は生物学に関しては、モノ好きな〝ド素人〟以上のものではありませんが、生物進化のメカニズムが作り上げたものの驚くべきメカニズムは、その過程において99％以上の「失敗」が常に許されることに依存していると思われます。突然変異のようなものはおびただしい数で生じているのですが、そのほとんどは消滅しているわけです。たしかに残ったものは、より環境に適応したものだといえます。しかし、繰り返しますが、それを見出すために、自然には99％以上の失敗が許されているのだと思うのです。

また、虫の大群が、人を含め大きな動物を襲う時にも、筆者はその数の膨大さではなく、虫たちの襲撃があたかも「仲間が何匹死んでも構わない」というスタンスのもとに行なわれることを恐ろしいと思うのです。仮に虫たちが（今の日本のように？）「一匹たりとも命を失ってはならない」というスタンスであったなら、あれほどのことは決してできないでしょうし、われわれはそれをそれほど恐れるでしょうか？

なるほど市場における競争のメカニズムも、多くの人々の事業や人生の破綻を含め、さまざまな試行錯誤がすべて許容されている場合には、非常にスマートな成果を生み出すのかもしれません。何しろ残ったものだけに注目すれば、それらは定義によってすべて「優れたもの」なのでしょうから……。言い換えれば、市場メカニズムのパフォーマンスは、とりわけ調整過程における摩擦ややり直し、さまざまな取引費用が無視できる時にもっともよく発揮されるように思えます。

逆に市場メカニズムを過度に賛美する人々は、その点を過小評価しているか、あるいは「長期的には」という詐術によってそれを都合よく無視しているように思えてなりません。

第3章で論じたことと考え合わせると、市場のメカニズムは、①すべての人が死んでしまうほど十分な時間が与えられ、②ほとんどの人が死んでしまうような試行錯誤が許容される場合に、政府の介入なしにもっとも優れたパフォーマンスを（理論的には）示すのだ、と言うことができます。少なくとも、現代の経済学が示すことに成功しているのは、それ以外の何ものでもありません。しかし、それが現代の社会生活において許容されるわけではありませんし、また、許容されるべきでもないと筆者は考えます。

他方で、政府による経済活動への介入を否定し、粛清や構造改革を重視する人々が、なぜか相手が銀行となると「潰すには大きすぎる」（too big to fail）とか「救済するには大きすぎる」（too big to bail）などといった語呂合わせで国家主導経済を当然のように想定しているのは、この世の七不思議としか言いようがありません。やはりそこにあるのは、経済理論ではなく、（ある特定の階層の）経済利害だけなのでしょう。

※引用：コナン・ドイル『ボヘミアの醜聞』常盤新平訳、偕成社より
※引用：コナン・ドイル『恐怖の谷』内田庶訳、偕成社より

# 4 政府の役割を虚《きょ》心《しん》坦《たん》懐《かい》に考えよう

「世界は、私的利益と社会的利益とがつねに一致するように、天上から統治されてはいない。世界は、実際問題として両者が一致するように、この地上で管理されているわけでもない。啓発された利己心が、つねに公共のために作用するというのは、経済学の諸原理から正しく演繹されたものではない。また、利己心が一般的に啓発されているというのも正しくない」

ジョン・メイナード・ケインズ「自由放任の終焉」

筆者もそう思っています。しかしこの本も、いよいよ終わりです。もう一度整理しようと思います。本章では、以下で列挙する二つがそのままこの章のキーワードになります。

## ①個々人の利己的行動とその社会的調和

特に自分はリバータリアンではないと考える人も、個人の自由と権利の重要性を否定することはないでしょう。特に圧倒的な権力を振るってきた国王や教会からそれを勝ち取ってきた人類の歴史には、いくら敬意を払っても過ぎることはありません。しかし重要なことは、リバータリアン達も認めているように、それが他の人々の自由と権利を侵害しない限りにおいて、なのです。したがって、個々人の自由な行動が、社会的帰結として何をもたらすかを明らかにし続けることを怠ってはならないのです。アダム・スミスは非常に慎重な言葉遣いで、その調和性を明らかにしました。それは多くのことをわれわれに教えてくれています。しかし、時代も変わりました。少なくとも、アダム・スミスから都合のいいセリフだけを切り取って、ドグマとして振り回すのはもうやめましょう。経済学の教科書に出てくる諸命題において、社会的調和（均衡と効率性）は理論の前提であって、証明ないし導き出された結論ではありません。それは信仰ではあっても、実証科学の命題ではないのです。

市場メカニズムは外部性や公共財の問題に適切に対処することができません。市場メカニズムが均衡（調和）状態を実際に実現するプロセスについては、ほとんど何も明らかにされていません。市場メカニズムには情報の非対称性の問題があり、これを放置すると逆選択を通じて質の悪いものが市場に残るだけでなく、経済における取引自体が委縮してしまいます。個々人にとっては合理的な行動であっても、それがもたらす社会的な帰結は、合理的な行動×人数にはなりません。貨幣と資産の存在は、予想の自己実現を通じて経済を不安定化させ、その帰結はしばしば大災害にも匹敵するものになります。そして、市場メカニズムは放置すると、その経済の潜在的な生産能力を十分に利用することに失敗します。その結果、失業やそれに伴う貧困、生活苦を避けることができません。そして多くの場合、それは教育や家庭環境を通じて、その次の世代にも浸透します。それによって拡大していく格差を、自動的に解消するようなメカニズムを市場はもっていないだけでなく、むしろそれをさらに拡大させる性向をもっています。

## ②政府の「やるべきこと」と「やるべきでないこと」

本書では、市場のメカニズムが必ずしも社会的調和をもたらさないような現象を特に取り上げてきました。したがって、個人の利己的行動を市場メカニズムの中に放置することは、しばしば他の人々の自由や権利を侵食します。また、市場メカニズムそのものがうまく機能するためには、主に政府が「大道具さん」として適切な舞台設定をすることが不可欠です。

この点、本書では十分に言及することができませんでしたが、「グローバリゼーション」

の問題は、この点の考察なしにはその本質を見誤ることになります。国境を越えた取引の自由化、規制緩和の延長だけでグローバリゼーションを評価するとしたら、その人は上記のことを忘れています。市場メカニズムがその適切な舞台設定を不可欠なものとするなら、グローバル市場においてそれをするのはいったい誰なのでしょう。国内であれば政府が行なっていることを、グローバル市場では誰が行なうのでしょうか。無政府状態であってはならないのはもちろんですが、かといって押しの強い（しばしば軍事力とセットとなった）特定の国家が仕切るに任せることが、われわれの幸福につながるとは限りますまい。グローバリゼーションはその問題をクリアしない限り、無条件の善では決してありません。

他方で、いつの時代にも同じく重要な懸念として、政府介入の行き過ぎはひょっとして独裁につながるかもしれない、市場への政府の介入は効果がないことが多く、ときには反生産的ですらあり得る、要するに、政府は問題の解決策ではなく、問題の一部なのである、といった議論をまったく無視することは正しくないでしょう。ジョン・スチュアート・ミルが指摘したように、いつの時代にも人々は政府権力の行き過ぎに対する根深い懸念をもっており、それは意味のないことではありません。

しかし、他に何ができるでしょうか？　本書を読んだ後では、「だから政府は手を引け」「放っておけ」はもはや解決策ではあり得ないでしょう。繰り返しますが、自由な市場のメカニズムは、他の個人への自由や権利への侵害を伴い得ます。したがって、放置すべきものではありません。少なくとも一つの国家の中では、個人の自由と権利を一部制限する権限を政府がもっています。政府がそれをうまく解決できていないのだとしたら、それはこれまで政府が「やるべきこと」と「やるべきでないこと」を、一つひとつ虚心坦懐に考えることを怠ってきたからではないでしょうか。もっとも反省すべきはわれわれ経済学者でしょうね。

しかし現実を見ながらそれを地道に続ける以外、現在の社会経済システムを良く機能させていくことはできないのではないでしょうか。それが革命や暴動を通じて、何かもっと別の(ただしもっと良いとは限りません)ものにとって代わられることを、ただ漠然と手をこまぬいて見ているのが正しいとも思えないのです。

何も偉そうな顔をした学者だけが頼りではありません。経済学に興味をもって、これから少しでも経済学を勉強しようと思っている人は、それを考え続けることを忘れないで欲しいと思っています。そして、みんながそうすることで、かえって経済学は今ほどつまらない学問ではなくなるのでは——これは筆者のひそやかな期待です!

最後まで付き合ってくださって、本当にありがとうございました。

※引用：ジョン・メイナード・ケインズ「自由放任の終焉」『説得論集』所収、宮崎義一訳、東洋経済新報社より

西　孝（にし　たかし）
1961年東京生まれ。慶応義塾大学経済学部卒業、同大学大学院経済学研究科博士課程単位取得退学。現在、杏林大学総合政策学部教授。専攻、マクロ経済学、国際金融論。
著書に『イントロダクション　マクロ経済学講義』（日本評論社）ほか。

9《ここの》つのキーコンセプトでやさしくわかる
社会《しゃかい》を読《よ》む文法《ぶんぽう》としての経済学《けいざいがく》

2017年3月20日　初版発行

著　者　西　孝　©T.Nishi 2017
発行者　吉田啓二

発行所　株式会社日本実業出版社　東京都新宿区市谷本村町3-29 〒162-0845
大阪市北区西天満6-8-1 〒530-0047
編集部 ☎03-3268-5651
営業部 ☎03-3268-5161　振　替　00170-1-25349
http://www.njg.co.jp/

印刷／壮光舎　製本／共栄社

この本の内容についてのお問合せは、書面かFAX（03-3268-0832）にてお願い致します。
落丁・乱丁本は、送料小社負担にて、お取り替え致します。

ISBN 978-4-534-05482-1　Printed in JAPAN

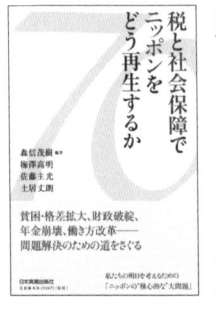

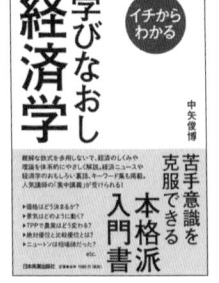

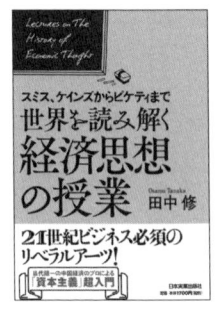